AROMEN FEUERWERK

GERICHTE MIT GEWÜRZEN, KRÄUTERN & FRÜCHTEN

KATHARINA KÜLLMER

AROMEN
FEUERWERK

GERICHTE MIT GEWÜRZEN, KRÄUTERN & FRÜCHTEN

EIN BUCH DER
EDITION MICHAEL FISCHER

INHALT

VORWORT

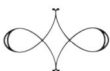

Mich findet man immer in meiner Küche oder hinter der Kamera, in meinem Arbeitszimmer mit den vielen Kochbüchern und Bergen an Vintage-Geschirr, denn meine Leidenschaft für spannende Aromenkombinationen habe ich zum Beruf gemacht. Eigentlich bin ich Diplom-Ökonomin und Hotelkauffrau; doch seit 2011 arbeite ich als Food-Fotografin, Rezeptentwicklerin und Food-Kolumnistin. Mein Weg vom trockenen Wirtschaftsstudium über eine wunderbare Zeit als Privatköchin und Supperclub-Betreiberin bis hin zur Food-Fotografin beinhaltet viele spannende Stationen und ist geprägt von schönen Abzweigungen und Umwegen.

Nach dem Abitur hatte ich den Wunsch, eine Ausbildung zur Hotelkauffrau zu machen. Ich hatte damals schnell den Traum, mich selbstständig zu machen, meine eigenen Ideen umzusetzen und kreativ zu arbeiten. Doch womit genau? Ich entschied mich zunächst für ein Studium der Wirtschaftswissenschaften, um allgemeine Fähigkeiten für eine Selbstständigkeit zu erlangen. Bald merkte ich, dass ich mir kaum etwas Schöneres vorstellen konnte, als Gastgeberin zu sein – ganz plötzlich und mit voller Wucht kam während des Studiums dieser Wunsch, andere Menschen kulinarisch zu inspirieren. Ungewöhnlich, wo ich doch im Alter von 20 Jahren noch nicht einmal wusste, wie man ein Ei kocht. Die Geschichten über angebrannte Milch, ein Spinatdesaster und meine Angst vor kochendem Wasser erzählt meine Familie noch heute gerne. Nach dem Studium kam dann der Sprung ins kalte Wasser: Ich machte mich als Privatköchin selbstständig. Ich bin immer noch ganz baff, wie gut das funktionierte. Bald darauf rief ich meinen Supperclub ins Leben und bespielte so einmal im Monat mit meiner Freundin Milena mein eigenes kleines Mini-Restaurant. Mit der Zeit entdeckte ich meine Leidenschaft fürs Fotografieren, bald darauf füllte ich meinen Blog mit Leben und meine große Liebe zur Food-Fotografie nahm ihren Lauf. Heute, nach fast fünf Jahren Selbstständigkeit arbeite ich ausschließlich als Food-Fotografin und -Kolumnistin und entwicke Rezepte.

Rückblickend ergibt der Weg, den ich gegangen bin, absolut Sinn, ich habe hier und da kleine Abzweigungen genommen, habe Chancen ergriffen und auch Geplantes über Bord geworfen. Dass ich heute meinen Traumberuf leben darf, in dem ich alle Leidenschaften miteinander vereinen und mich kreativ austoben kann, ist ein riesiges Glück für mich und die Bestätigung, dass es richtig war, an meine Träume zu glauben.

Ich brenne für alles Kulinarische – ich koche, komponiere, fotografiere und schreibe voller Leidenschaft und mit viel Hingabe und dabei ist in den Jahren meine Liebe zu Kräutern, Gewürzen und Aromen stetig gewachsen. Beinahe täglich blubbern bei mir Sirups und Saucen mit vielen Kräutern auf dem Herd. Pikante Honigvariationen und Butter aus gerösteten Nüssen gehören ebenso zu meiner Leidenschaft wie Tees aus frischen Kräutern, das Verfeinern von Süßem mit Kräutern und Gewürzen und die bunte Zusammenstellung von Aromen für herzhafte Köstlichkeiten. Ich bin ständig auf der Suche nach neuen außergewöhnlichen Geschmackskombinationen, die aber immer absolut alltagstauglich sein sollen und der Wohlfühlküche zuzuordnen sind.

Aromen, Gewürze und Kräuter haben für mich einfach eine unschätzbare Kraft. Sie erzeugen Spannung, sorgen für Gaumenkitzel und Geschmacksexplosionen, machen ein Rezept lebendig und lösen Emotionen aus. Doch viele Menschen trauen sich nicht, Kräuter und Aromen mutig einzusetzen. Ein verhaltenes Mitköcheln eines Rosmarinzweigs hier und da, eine zaghafte Prise Salz und Pfeffer im Pesto oder die zurückhaltende Dosierung von Minze im Dessert – häufig endet hier der Einsatz wunderbarer Aromageber. Ich möchte in diesem Buch zeigen, dass sie noch viel mehr können.

Kräuter und Zitrusfrüchte gehen beispielsweise eine harmonische Verbindung ein und sorgen für mediterrane Stimmung in einem süßen Backwerk. Und nicht nur Kräuter lassen sich wunderbar in Sirups, Marmeladen,

Aufstrichen, Salzen, Eiscremes, Herzhaftem und Desserts verarbeiten. Auch Gewürze, Obst und Beeren sorgen geschmacklich und optisch für Aufsehen in selbst gemachten Köstlichkeiten. Feigenbutter mit Orange und Zimt, Salz mit getrockneten Sauerkirschen und Bacon, Masala-Chai-Milch mit Earl-Grey-Eiswürfeln, Ricotta-Pancakes mit Salbeikaramell, Schwarzen Johannisbeeren und geröstetem Buchweizen, Waffel-Sandwiches mit Kreuzkümmel-Hähnchen und Ananas-Koriander-Salsa oder winterliche Tartes mit Zitrusmarmelade und Thymian-Marshmallow-Frosting zeigen, wie man durch aufregende Kombinationen Geschmacksexplosionen auslösen kann.

Die Rezepte in diesem Buch sind aromenreiche Begleiter, aufregende Durstlöscher, würzige Leckereien, eisiges Naschwerk und süße Köstlichkeiten, die die Alltagsküche in ein besonderes Aromenfeuerwerk verwandeln. Sie sollen als Inspiration dienen, sollen zum Nachkochen anregen, können zu Menüs zusammengestellt werden oder auch nur allein glänzen. Meine Rezepte sind ein wenig außergewöhnlich, bunt und spannend, aber nie wirklich kompliziert – die Stars sind immer Kräuter, Gewürze, Beeren und besondere Aromen.

Ich möchte mit diesem Buch Menschen inspirieren, möchte sie wieder an den heimischen Herd holen und ihnen Mut machen, mit Aromen und Zutaten zu spielen. Mein Wunsch ist es, Menschen zu begeistern, die wieder an echtem, ungekünsteltem Geschmack interessiert sind, aber auch Zutaten auf außergewöhnliche und ganz raffinierte Weise kombinieren möchten, um überraschende Geschmacksmomente zu erleben.

Mit diesem Buch ist ein riesiger Traum für mich in Erfüllung gegangen. Meine engste Begleiterin in dieser Phase war meine kleine Tochter Marie. Sie war erst wenige Wochen alt, als das „Projekt Buch" startete, und sie hat mich vom ersten bis zum letzten Satz, vom Zusammenstellen der einzelnen Rezepte bis hin zum Fotografieren bei jedem Schritt begleitet. Sie hat mich geerdet und mich immer wieder an das Wichtigste im Leben erinnert, die Liebe. Dieses Buch ist ihr gewidmet, in der Hoffnung, dass auch sie eines Tages Freude an gutem Essen findet, dass sie eine kleine Genießerin wird und ihre Träume lebt. Ebenso ist dieses Buch meinem Mann gewidmet, der mich schon kannte, als ich noch Wasser anbrennen ließ, der mein Fels in der Brandung ist und den größten Anteil daran hat, dass ich mich getraut habe, meinen Traum zu leben. Natürlich ist dieses Buch auch für meine gesamte Familie, allen voran für meine geliebte Mama, die immer an mich glaubt, mich unterstützt und mir zur Seite steht. Und schließlich widme ich dieses Buch euch allen – all denen, die wie ich einfach nicht genug von leckerem Essen bekommen können, die Kochbücher verschlingen, ständig an Essen denken und alles Kulinarische wie ein Schwamm aufsaugen – denen, die es lieben, mit den Händen im Teig zu kneten, dabei laut die Musik aufzudrehen und mit einem guten Glas Wein in der Küche zu tanzen. Und für all diejenigen, die noch ein wenig zögern: Macht es uns nach, bindet euch die Kochschürze um, experimentiert herum, seid mutig … und genießt.

AROMENREICHE BEGLEITER

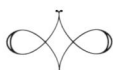

Aufregend aromatisierte Salze, würzige Nussbutter, pikante Honigvariationen, feine Marmeladen, Pesto, Dips & Co. verfeinern als
aromenreiche Begleiter jedes Gericht. Sie bereichern ein ausgedehntes
Frühstück am Wochenende, bringen Abwechslung in Alltagsgerichte
und sorgen für genießerisches Schweigen bei jeder Dinnerparty.

BASILIKUM-SALZ

Für ca. 150 g Salzmischung

40 g frisches Basilikum
mit Stielen

Schale von ½ Bio-Zitrone

120 g grobes Meersalz

Dieses Salz duftet köstlich nach Basilikum und hat eine unglaubliche Farbe. Es bringt Frische in Salate, passt hervorragend zu Fleisch- und Fischgerichten zum abschließenden Würzen und ist vor allem bei mediterranen Gerichten universell einsetzbar.

Das Basilikum (Blätter und Stiele) und die Zitronenschale grob hacken und in einen Mixer geben. Das Salz hinzufügen und alles mixen, bis das Basilikum und die Zitronenschale sehr fein zerkleinert sind und das Salz grün leuchtet. Die Salzmischung auf Backpapier verteilen und etwa 10 Stunden bei Zimmertemperatur trocknen lassen. Das Salz anschließend in ein sauberes Schraubglas füllen und trocken und kühl lagern.

Mit dieser Methode lassen sich ganz viele Kräutersalze herstellen. Einfach die gewünschten Kräuter mit dem Salz fein mixen und anschließend trocknen lassen. Am besten mischt man das Salz zuerst mit etwa 10 g Kräutern und probiert es. Wenn das Salz noch zu wenig kräuterig schmeckt, die Kräutermenge nach und nach vorsichtig erhöhen.

SALZ MIT GETROCKNETEN SAUERKIRSCHEN UND BACON

Für ca. 100 g Salzmischung

60 g getrocknete Sauerkirschen
oder 250 g frische Sauerkirschen

15 g Bacon (ca. 2 Scheiben)

30 g grobes Meersalz

Salzmischungen kann man sehr schnell und einfach selbst herstellen. Sie eignen sich als kleines Mitbringsel zu einer Party, sind super im Voraus zuzubereiten und lange haltbar. Eigentlich kann man fast alles in eine Salzmischung verwandeln: Blüten, Kräuter (z. B. Basilikum-Salz, siehe S. 13), Schalen von Zitrusfrüchten, Pilze, Gewürze und sogar Obst (z. B. Salz mit Mango und Curry, siehe S. 17).

Wer einen eigenen Kirschbaum hat, kann die entkernten (Sauer-)Kirschen im Backofen bei 80 °C und leicht geöffneter Ofentür etwa 10 Stunden trocknen. Falls man häufiger Obst trocknen möchte, lohnt sich die Anschaffung eines Dörrapparats. Ansonsten kann man getrocknete Kirschen aber auch gut im Reformhaus kaufen.

Den Bacon in einer Pfanne schön knusprig braten, auf Küchenkrepp abtropfen lassen und fein hacken. Die getrockneten Kirschen ebenfalls sehr fein hacken. Das Meersalz ein wenig mörsern und anschließend mit dem Bacon und den Kirschen gut vermengen.

Das kräftige und leicht süße Salz schmeckt wunderbar auf einem gerösteten Weißbrot mit Butter. Köstlich ist es auch zu Weichkäse, Ricotta und Gorgonzola. Kurz angebratenes Fleisch erhält durch das Salz eine raffinierte Würze und auch vermischt mit knusprigen Croûtons ist es toll.

TIPP | Auch anderes Trockenobst, z. B. Aprikosen, Cranberrys oder Pflaumen, passt wunderbar in eigens kreierte Salzmischungen.

SALZ MIT MANGO UND CURRY

Für ca. 130 g Salzmischung

125 g frische Mango
oder 45 ml Mangosaft

140 g grobes Meersalz

1 TL Currypulver

¼ TL Zimt

¼ TL Kurkuma

¼ TL Cayennepfeffer

¼ TL gemahlener Koriander

AUSSERDEM

Entsafter

Dieses fruchtige Salz entsteht mithilfe von frisch gepresstem Fruchtsaft. Er macht das Salz ein wenig süß. Es ist daher sehr lecker in asiatischen oder orientalischen Gerichten. Ich verwende es oft für gebratene und mit diesem Salz kräftig gewürzte knusprige Hähnchenstücke. Zusammen mit Avocado, Chili, frischem Rotkohl und Kichererbsen fülle ich damit einen Wrap ... und verputze ihn auf der Stelle.

Die Mango schälen, 125 g davon in grobe Stücke schneiden und daraus mit dem Entsafter Saft gewinnen, alternativ gekauften Mangosaft verwenden. Den Saft zusammen mit dem Salz und den Gewürzen in einem Mixer fein pürieren. Die Salzmischung anschließend auf Backpapier ausbreiten und im Backofen bei 80 °C etwa 20 Minuten trocknen lassen. Hierbei immer wieder umrühren. Das getrocknete Salz abkühlen lassen und in ein sauberes Schraubglas füllen.

Dieses würzige und fruchtig-süße Salz ist sehr lecker zu Geflügelgerichten, eignet sich zur Verfeinerung von Currys und schmeckt auch ganz einfach auf einem Stück Baguette mit Butter.

PFIRSICH-ROSEN-BUTTER

Für ca. 100 g Butter

250 g süße Sahne

100 g Pfirsich,
schön fest und rosig

1 EL Zucker

2 TL Meersalz, fein gemörsert

3 EL getrocknete Rosen-
blütenblätter

Ich liebe selbst gemachte Butter. Die Süße der Sahne, kombiniert mit Meersalz, macht sie zu etwas ganz Besonderem. Diese Variante mit geröstetem Pfirsich und Rosenblütenblättern duftet blumig-süß und ich habe dabei sofort eine edle Tea-time mit Biskuits und einem frisch gebrühten Darjeeling im Kopf. Ein passendes Rezept findet ihr im Kapitel mit den süßen Köstlichkeiten (siehe S. 215).

Für die selbst gemachte Butter die kalte Sahne in einen Messbecher geben, mit dem Handrührgerät erst zu Sahne schlagen und dann so lange weiterschlagen, bis sich die flüssigen von den festen Bestandteilen trennen. Das dauert ungefähr 5 Minuten. Die entstandene Butter herausnehmen (die Flüssigkeit kann wegge-gossen werden), fest zwischen den Händen pressen und so die restliche Flüssig-keit herausdrücken.

Den Pfirsich waschen und in ungefähr 1 x 1 cm große Würfelchen schneiden. Eine Pfanne erhitzen, einen Teelöffel der selbst gemachten Butter zerlassen und die Pfirsichwürfel darin kurz rösten. Den Zucker dazugeben, die Pfirsiche leicht karamellisieren und dann in einer Schale abkühlen lassen.

Die restliche Butter mit den Pfirsichwürfeln, dem Meersalz und den Rosen-blütenblättern verrühren. Die Pfirsich-Rosen-Butter am besten im Kühlschrank aufbewahren. Einige Zeit vor dem Verzehr herausnehmen, damit sie wieder schön streichfähig wird und ihr Aroma voll entfaltet.

PEKANNUSS-BUTTER

Für ca. 200 g Butter

200 g Pekannusskerne
1 Vanilleschote
¼ TL Meersalz

AUSSERDEM
Hochleistungsmixer

Ich habe eine Schwäche für Nussbutter. Der Geschmack von Nüssen ist sehr intensiv und man kann sie mit unendlich vielen leckeren Dingen kombinieren. Mit Waffeln, geröstetem Gemüse oder Pancakes sowie auf einem asiatischen Burger mit einem Linsenbratling, Ingwer und Spinatsalat. Aber auch pur auf dem Brötchen oder Brot schmeckt Nussbutter ganz hervorragend. Die Pekannuss-Butter mit Vanille und Meersalz, dazu ein Croissant und ein Tee – so sieht bei mir häufig ein schnelles Frühstück aus.

Eine Pfanne erhitzen und die Pekannüsse bei mittlerer Hitze einige Minuten rösten, bis sie anfangen zu duften. Die Vanilleschote längs aufschlitzen und mit einem Messerrücken das Mark herauskratzen. Das Meersalz fein mörsern. Die Nüsse in den Hochleistungsmixer geben, das Vanillemark und das Salz dazugeben und die Nüsse zunächst auf einer langsamen Stufe mahlen, nach kurzer Zeit dann auf der höchsten Stufe mixen. Die Nüsse mit einem Stößel immer wieder in Richtung der Klingen drücken. Zunächst entsteht „Nussmehl", nach 1–2 Minuten wird daraus eine cremige glänzende Butter. Die Pekannuss-Butter in ein sauberes Schraubglas füllen und im Kühlschrank aufbewahren.

KÜRBISKERN-BUTTER

Für ca. 200 g Butter

200 g Kürbiskerne

1 EL Waldhonig

¼ TL Meersalz

1 getrocknete rote Chilischote

AUSSERDEM

Hochleistungsmixer

Diese Butter schmeckt sehr intensiv nach Kürbiskernen, ist recht scharf und unglaublich nussig im Geschmack. Ich liebe sie sehr und mache sie immer wieder, denn sie gehört für mich zu meinen liebsten Frühstücksaufstrichen.

Eine Pfanne erhitzen und die Kürbiskerne bei mittlerer Hitze einige Minuten rösten, bis sie anfangen zu duften und aufzuplatzen. Den Honig dazugeben und unter die Kürbiskerne rühren, bis alle vom Honig bedeckt sind. Die Kerne abkühlen lassen und dann in einen Hochleistungsmixer geben. Das Meersalz fein mörsern und zusammen mit der Chilischote ebenfalls in den Mixer geben und alles zunächst auf einer langsamen Stufe, nach kurzer Zeit dann auf der höchsten Stufe mixen. Die Kerne mit einem Stößel immer wieder in Richtung der Klingen drücken. Zunächst entsteht eine Art Mehl, nach 1–2 Minuten wird daraus eine cremig glänzende Butter. Die scharfe Kürbiskern-Butter in ein sauberes Schraubglas füllen und im Kühlschrank aufbewahren.

GEBRANNTE-MANDEL-BUTTER

Für ca. 200 g Butter

200 g Mandeln

3 EL Zucker

1 ½ TL Zimt

1 ½ TL Espressopulver

Prise Salz

AUSSERDEM

Hochleistungsmixer

Diese Butter aus gebrannten Mandeln sorgt sofort für weihnachtliche Stimmung. Sobald man an ihr schnuppert, schlendert man gedanklich über einen verschneiten Weihnachtsmarkt und knuspert die karamellisierten, noch warmen Mandeln aus der Tüte. Das ist wohlig-warmes Weihnachtsfeeling pur für das ganze Jahr, gefüllt in ein Schraubglas.

Eine Pfanne erhitzen und die Mandeln bei mittlerer Hitze kurz rösten. 2 Esslöffel Zucker dazugeben und ohne Rühren karamellisieren lassen. Die Mandeln durchrühren, sobald der Zucker goldgelb ist. Den restlichen Zucker, Zimt, Espressopulver und 1 Prise Salz dazugeben, kurz durchrühren und die gewürzten Mandeln dann auf einem Backpapier abkühlen lassen.

Die abgekühlten Mandeln in einen Hochleistungsmixer geben und zunächst auf einer langsamen Stufe, nach kurzer Zeit dann auf der höchsten Stufe mixen, dabei die Masse mit einem Stößel immer wieder in Richtung der Klingen drücken. Zunächst entsteht „Mandelmehl", nach 1–2 Minuten wird daraus eine cremig glänzende Butter. Die Mandelbutter in ein sauberes Schraubglas füllen und im Kühlschrank aufbewahren. Zwischendurch immer wieder daran schnuppern und sich kurz in Weihnachtsstimmung versetzen.

HIBISKUSBUTTER

Für ca. 300 g Butter

25 g getrocknete Hibiskusblüten
(oder loser Waldfruchttee mit
hohem Hibiskusanteil)

250 g Butter

1 EL Rote-Bete-Pulver

¼ TL Salz

Ja, aus Hibiskus kann man so viel mehr machen als eine Beigabe im Champagner-glas. Butter zum Beispiel! Diese pink leuchtende Hibiskusbutter ist wunder-hübsch anzuschauen und auch geschmacklich sehr raffiniert. Sie schmeckt sehr intensiv nach Hibiskus und passt als süße Butter zum Frühstücks-Croissant, als Begleitung zu meiner Salbei-Brioche (siehe S. 125) und sogar als Füllung für Macarons. Na, wenn das mal keine aufregenden Einsatzmöglichkeiten sind.

Die Hibiskusblüten mit 100 ml kochendem Wasser überbrühen und so lange ziehen lassen, bis der entstandene Tee abgekühlt ist. Den Hibiskus-Tee durch ein Sieb gießen und in einem Glas auffangen. Die Butter in einem Topf schmel-zen, 50 ml Hibiskus-Tee, das Rote-Bete-Pulver und das Salz dazugeben und alles gut mit einem Löffel mischen.

Die pinke Flüssigkeit durch ein Passiertuch oder ein Geschirrtuch in eine Schüs-sel abseihen, damit feste Bestandteile entfernt werden. Eine große Schüssel mit Eiswasser füllen. Die Schüssel mit der flüssigen Butter in das Eiswasser stellen und die Butter so lange rühren, bis sie cremig und dickflüssig wird. Hier ist ein bisschen Fingerspitzengefühl gefragt: Die Butter kann im Eisbad schnell zu fest werden. Man kann sie aber ganz leicht wieder retten, indem man statt Eiswasser ein wenig warmes Wasser in die größere Schüssel gibt, die kleinere Schüssel mit der Butter wieder hineinstellt und so lange rührt, bis sie die perfekte Konsistenz hat und alle Klümpchen gelöst sind.

Die Butter am besten im Kühlschrank aufbewahren und vor Gebrauch auf Zimmertemperatur bringen.

FEIGENBUTTER

Für ca. 400 g Butter

450 g frische Feigen

60 g Rohrzucker

120 g Zucker

20 g Zuckerrübensirup

1 EL Apfelessig

1 EL Zitronensaft

½ TL Salz

1 TL Zimt

1 Prise Muskat

Schale von ½ Bio-Orange

Diese Feigenbutter heißt deshalb so, weil sie ebenso reichhaltig und cremig ist wie Butter. Die Kombination von fruchtig-süßen Feigen, würzigem Zimt und frisch-säuerlicher Orangenschale ist unschlagbar. Ziegenkäse ist ihr bester Freund! Und Brioche ... und die Dinkel-Biskuits aus diesem Buch (siehe S. 188).

Die Feigen waschen, vierteln und den Stielansatz entfernen. Die Feigen mit allen Zutaten bis auf die Orangenschale mischen, 50 ml Wasser hinzufügen und alles etwa 40 Minuten bei geschlossenem Deckel sanft köcheln lassen. Danach die Mischung weitere 20 Minuten ohne Deckel köcheln lassen, bis die Feigen sehr weich sind und nur noch ein wenig Restflüssigkeit vorhanden ist.

In der Zwischenzeit die Schale der Orange mit einem Sparschäler abschälen und das Weiße mithilfe eines Filetiermessers entfernen. Die Schale hacken und zusammen mit der Feigenmischung im Mixer zu einer feinen Paste pürieren. Die Feigenbutter in ein Schraubglas geben und kühl aufbewahren.

Orangen-Kardamom-
Marmelade

Pflaumen-Five Spice-
Marmelade

Grapefruit-Rote Bete-
Rosmarin-Marmelade

ORANGEN-KARDAMOM-MARMELADE

Für 2 Gläser à 150 g

4 große Bio-Orangen

2 Kardamomkapseln

8 g Ingwer

6 EL Zucker

¼ TL Zimt

¼ TL Salz

¼ TL Pfeffer

Zitrusfrüchte sind die Stars des Winters. Die Haupterntezeit der Früchte aus Südeuropa beginnt im November; sie sind daher in den kalten Monaten besonders saftig. Eine Orangenmarmelade – süß, sauer, leicht bitter und mit aufregenden Gewürzen – darf bei einem winterlichen Frühstück nicht fehlen. Sie ist aber auch sehr köstlich als Füllung für einen Kuchen und passt wunderbar als Dip für gebratenes Hähnchen mit Feldsalat und knusprigen Croûtons. Für meine Zimtrollen mit Earl-Grey-Frosting (siehe S. 204) gibt es keine bessere Begleitung.

2 Orangen schälen, das Fruchtfleisch filetieren, entkernen, grob hacken und in einen Topf geben. Die Schale der anderen beiden Orangen mithilfe eines Sparschälers abschälen, das Weiße mit einem Filetiermesser entfernen und die Schale fein hacken. Die Orangen anschließend auspressen (ergibt etwa 150 ml Saft). Beides zu den filetierten Orangenstückchen in den Topf geben.

Die Samen aus den Kardamomkapseln lösen, in einen Mörser geben und fein zerstoßen. Den Ingwer schälen und fein hacken. Zucker, Kardamom, Zimt, Salz, Pfeffer und Ingwer zu den Orangen geben und alles etwa 20 Minuten sanft köcheln lassen, bis die Flüssigkeit leicht dickflüssig ist. Ein wenig Marmelade auf einen kalten Teller geben, sodass diese kleine Menge Marmelade sofort abkühlt und man sieht, ob sie die gewünschte Konsistenz hat. Die Marmelade in saubere Schraubgläser füllen und kühl und trocken aufbewahren.

FÜNF-GEWÜRZE-PFLAUMEN-MARMELADE

Für 2 Gläser à 200 g

500 g Pflaumen oder Zwetschgen

100 g Rohrzucker

1 TL Fünf-Gewürze-Pulver

¼ TL Salz

Diese Marmelade ist fast schon ein Klassiker bei mir zu Hause. Schon früher, als ich noch als Privatköchin gearbeitet habe, habe ich die Kombination aus Pflaume und Fünf-Gewürze-Pulver, einer chinesischen Gewürzmischung aus Nelke, Fenchel, Zimt, Sternanis und Szechuan-Pfeffer, sehr geliebt. Sie kann ganz klassisch als Marmelade gegessen werden, ist aber auch eine tolle Sauce für einen asiatischen Burger und sehr köstlich zu geschmortem Fleisch.

Die Pflaumen waschen, halbieren und dann entsteinen. Die Hälften jeweils längs in 4 Teile schneiden und diese Schnitze dann quer in Stückchen schneiden. Die Pflaumenstücke zusammen mit dem Zucker und den Gewürzen in einen Topf geben und bei mittlerer Hitze 30 Minuten sanft köcheln lassen, bis die ausgetretene Flüssigkeit leicht dickflüssig ist. Um zu testen, ob die Marmelade dick genug ist, einen kleinen Löffel voll Marmelade auf einen kalten Teller geben und verteilen. So kühlt die Marmelade sofort ab und man kann testen, ob die Konsistenz stimmt. Die heiße Marmelade in saubere Schraubgläser füllen und kühl und trocken aufbewahren.

MARMELADE AUS GRAPEFRUIT UND ROTER BETE

Für 1 Glas à 350 g

2 große Bio-Grapefruits

Saft von 1 Zitrone

400 g Zucker

100 g frische Rote Bete

1 ½ EL Rosmarinnadeln

Rote Bete ist in der Küche absolut unterschätzt und wird viel zu selten verwendet. Schade! Schon als Kind habe ich Rote Bete sehr geliebt und sie glasweise gegessen. Diese Zitrusfrucht-Marmelade wird dank der erdigen Note der Roten Bete zu einem ganz besonderen Aufstrich. Rosmarin bringt ein wenig Kräuteraroma hinein — und fertig ist eine Marmelade, die sowohl den Frühstückstisch bereichert als auch zu allerlei Gebäck, Grissini und auch Käse passt.

Die Grapefruits waschen, in einen größeren Topf legen und mit Wasser bedecken, bis sie schwimmen. Die Früchte bei geschlossenem Deckel etwa 2 Stunden garen, bis sie ganz weich sind. In der Zwischenzeit die Rote Bete schälen und fein raspeln. Die Grapefruits abkühlen lassen, grob hacken, die Kerne entfernen und dann etwas feiner hacken. Die gehackten Grapefruits samt dem ausgetretenen Saft in einen Topf geben, den Zitronensaft, Zucker und die Rote Bete hinzufügen. Die Mischung ungefähr 10 Minuten sprudelnd kochen lassen, eventuell mit einem Pürierstab noch ein wenig feiner mixen.

Die Rosmarinnadeln grob hacken, unter die noch warme Mischung rühren und die fertige Marmelade sofort in ein sauberes Schraubglas füllen.

ROSENMARMELADE

Für 3 Gläser à 150 g

13 g getrocknete Rosen-
blütenblätter

300 g Gelierzucker 2:1

Rosenblüten sind für mich eine Entdeckung. Sie haben ein unnachahmliches und duftendes Aroma, sind aufregend und sehr sinnlich. Eine Rosenmarmelade ist nur etwas für absolute Liebhaber, aber ist man diesem blumigen Geschmack so sehr verfallen wie ich, dann möchte man diese Marmelade nie mehr missen.

Die getrockneten Rosenblütenblätter mit 500 ml Wasser 20 Minuten zugedeckt sanft köcheln lassen. Die Mischung durch ein Sieb gießen, dabei das Rosenwasser auffangen. Das Rosenwasser mit dem Gelierzucker in einen Topf geben und 4 Minuten sprudelnd kochen lassen. Die heiße Marmelade in saubere Schraubgläser füllen und kühl aufbewahren.

Diese Rosenmarmelade möchte man am liebsten pur löffeln. Aber man kann sie natürlich auch zum Sonntagsbrötchen genießen oder Macarons damit füllen, so wie ich es für das Rosen-Candle-Light-Dinner (siehe S. 233) getan habe.

PFEFFRIGE BROMBEER-THYMIAN-MARMELADE

Für 1 Glas à 350 g

350 g frische Brombeeren

200 g Zucker

2 EL frisch gepresster Zitronensaft

3 Zweige Thymian

Salz

1 TL frisch gemahlener
schwarzer Pfeffer

Ich liebe Marmeladen, die es in sich haben, die mit Schärfe überraschen und zugleich sehr süß sind. Diese Marmelade gehört zu meinen liebsten. Sie ist so vielseitig einsetzbar und dabei auch allein auf einem Brötchen sehr, sehr lecker. Überhaupt lohnt es sich, viele Marmeladen zu machen. Man hat immer etwas Leckeres für sein Sonntagsbrötchen, kann Gebäck und Plätzchen damit füllen, hat einen aufregenden Dip für würzigen Käse und sogar zu Fleisch und Wildgerichten passt solch eine Marmelade unglaublich gut.

Die Brombeeren waschen und zusammen mit dem Zucker und dem Zitronensaft einmal aufkochen lassen. Umrühren und dann ungefähr 15 Minuten sanft köcheln lassen. Kurz vor Ende der Kochzeit die Thymianblättchen entgegen der Wuchsrichtung von den Zweigen streifen und unter die Marmelade rühren. Die Marmelade nun noch mit 1 Prise Salz und dem Pfeffer ein wenig würzen und dann zu Croissants, Weißbrot oder Käse genießen.

HONIG MIT SALBEI

Für 1 Glas à 300 g

10 g frische Salbeiblätter

1 Prise Salz

300 g Waldblütenhonig

Aromatisierter Honig ist eine tolle Abwechslung und es gibt unendlich viele leckere Varianten. Kräuter in Honig zu integrieren bringt einen ganz wunderbaren Geschmack. Diese beiden Kombinationen, einmal mit Salbei und einmal mit Whisky und Thymian, sind schnell gemacht und man hat einen köstlichen Honig fürs Frühstück oder zum Verfeinern von Saucen und Salatdressings. Ich verwende am liebsten Waldblütenhonig, denn er bringt schon einen kräutrig-würzigen Geschmack mit. Jeder andere Honig eignet sich aber auch.

Die Salbeiblätter in feine Streifen schneiden. Den Honig mit dem Salbei in einen kleinen Topf geben, mit 1 Prise Salz verfeinern, das Ganze langsam erwärmen und bei niedriger Hitze 10 Minuten ziehen lassen. Den Honig in ein Schraubglas füllen und abkühlen lassen.

HONIG MIT WHISKY UND THYMIAN

Für 1 Glas à 300 g

4 EL frische Thymianblättchen

6 ganze Pfefferkörner

300 g Waldblütenhonig

2 cl Whisky

Salz

frisch gemahlener
schwarzer Pfeffer

Die Thymianblättchen mit den Pfefferkörnern in ein Gewürzsäckchen geben. Den Honig mit dem Gewürzsäckchen in einen Topf geben, alles langsam erwärmen und bei niedriger Hitze 10 Minuten ziehen lassen. Das Säckchen herausnehmen, den Honig mit 1 Prise Salz und Pfeffer würzen und den Whisky dazugeben. Kurz durchrühren, dann den Honig in ein Schraubglas füllen und abkühlen lassen.

RAUCHIGER BEEREN-PFEFFER-HONIG

Für 1 Glas à 140 g

1 EL schwarze Pfefferkörner

120 g Waldblütenhonig

1 EL getrocknete Johannisbeeren

1 EL getrocknete Holunderbeeren

1 EL getrocknete Hibiskusblüten

Dieser Honig schwirrte mir schon lange im Kopf herum. Die Kombination aus süßem Honig, fruchtigen Beeren und einer starken Pfeffernote schien mir sehr verlockend, und als ich sie ausprobierte, war ich schwer begeistert. Jedoch muss man aufpassen, wie man den Honig einsetzt, denn der Pfeffer entfaltet hier eine kräftige Schärfe.

Den Pfeffer sehr grob mörsern, dann in einem beschichteten Topf oder einer Pfanne kurz rösten, bis erste würzige Rauchschwaden aufsteigen. Nun den Honig und die getrockneten Beeren dazugeben und etwa 2 Minuten bei mittlerer Hitze erwärmen. Noch warm in ein sauberes Schraubglas mit Deckel füllen und bei Zimmertemperatur aufbewahren.

Der Honig passt wunderbar zu einem Croissant und Tee. Doch auch über ein Stück Lachs geträufelt oder zu einer Käseplatte macht der Honig was her.

TIPP | Getrocknete Beeren und Blüten sind häufig im Gewürzhandel erhältlich. Doch wer sich nicht scheut, ein wenig Zeit zu investieren, kann sie auch ganz leicht selbst herstellen: In einem Dörrautomaten oder im Backofen bei 90 °C Umluft sind die Beeren nach einigen Stunden trocken.

HONIG-MANGO-CREME

Für 1 Glas à 280 g

1 Mango

80 g Waldblütenhonig

¼ TL Salz

1 frische rote Chilischote,
nach Belieben

Diese Creme ist wunderbar fruchtig und süß. Sie passt hervorragend zu asiatischen Gerichten, zu Salaten und auch zu einem würzigen Käse. Für mich ist sie die perfekte Begleitung zu meinen pinken Wraps (siehe S. 138). Sie harmoniert dort mit knusprigen Garnelen, zimtigem Kürbis, Granatapfel, Linsen, Kokos und vielen Nüssen. Wer mag, kann die Creme auch pikant schärfen: Cayennepfeffer oder eine hineingemixte Chilischote machen aus ihr eine feurige Variante.

Die Mango schälen und entkernen. Für die Creme braucht man 200 g Mango-Fruchtfleisch. Das Fruchtfleisch in grobe Stücke schneiden. Mit Honig, Salz und nach Belieben mit der Chilischote in einen Messbecher geben und mit einem Stabmixer zu einer feinen Creme pürieren.

TIPP | Die Honig-Mango-Creme kann man auch mit Zitronenschale und Ingwer würzen. Sie ist übrigens ein köstliches Salatdressing für einen Grünkohlsalat mit Äpfeln, Croûtons und karamellisierter Hähnchenbrust.

ROTE-BETE-PESTO

Für 2 Gläser à 200 g

300 g frische Rote Bete

2 Bio-Orangen

2 EL Rohrohrzucker

1 EL Apfelessig

2 EL Olivenöl

1 TL Salz, plus etwas Salz zum Verfeinern

80 g Haselnusskerne, grob gehackt

70 ml Olivenöl, plus etwas mehr nach Bedarf

2 EL geriebener Parmesan

Rote Bete liebe ich ja seit Kindheitstagen. Pesto auch. Ein Rote-Bete-Pesto musste daher in mein Kochbuch. Dieses hier ist besonders lecker durch Orangenabrieb und geröstete Haselnüsse. Das Ofengemüse aus diesem Buch (siehe S. 113) lässt sich wunderbar in das Pesto dippen.

Den Backofen auf 180 °C Ober-/Unterhitze vorheizen. Die Rote Bete vom Blattgrün befreien. Große Knollen schälen, kleine nur waschen, dann je nach Größe vierteln oder achteln. Eine Orange auspressen. Den Orangensaft, Zucker, Apfelessig, Olivenöl und Salz in einer Schüssel mischen. Die Rote Bete zur Marinade geben, durchrühren, dann alles auf ein mit Backpapier belegtes Blech geben und im Ofen auf der zweiten Schiene von unten ungefähr 1 Stunde garen. Zwischendurch immer mal wieder wenden. In den letzten 5 Minuten die grob gehackten Haselnüsse dazugeben. Anschließend alles abkühlen lassen.

In der Zwischenzeit die zweite Orange waschen, die Schale abreiben und den Saft auspressen. Die Rote-Bete-Nuss-Mischung mit dem Orangensaft und dem Olivenöl zu einem Pesto mixen. Hierfür eignet sich ein Stabmixer oder ein Standmixer. Das Pesto mit Parmesan, dem Orangenabrieb und Salz verfeinern und eventuell noch etwas mehr Öl angießen, um es flüssiger zu machen.

MINZPESTO

Für 1 Glas à 250 g

15 g frische Minze

60 g frischer Spinat

30 g Ingwer

70 g geröstete, gesalzene Cashewkerne

Saft von ½ Zitrone

60 ml Rapsöl

½ TL Salz

Fein pürierte Minze mit salzigen, gerösteten Cashewkernen, Zitrone und viel Ingwer ist unwiderstehlich lecker. Ich konnte gar nicht aufhören, das Pesto direkt aus dem Gläschen zu löffeln. Was ich übrig gelassen habe, hat gerade so für meine Curry-Wraps (s. Seite 133) gereicht. Ich kann mir das Pesto aber auch ganz toll auf einem Sandwich mit gegrilltem Hühnchen, Spinatsalat und karamellisierten Pfirsichscheiben vorstellen.

Die Minzblätter und den Spinat waschen und beides grob hacken. Den Ingwer schälen und sehr fein hacken. Zusammen mit allen anderen Zutaten in einen Mixer geben und so lange pürieren, bis die gewünschte Konsistenz erreicht ist. Ich habe das Pesto sehr fein gemixt, da ich es mit den Falafeln (siehe S. 133) und den Curry-Wraps kombinieren wollte.

SÜSSKARTOFFELCREME

Für ca. 450 g Creme

350 g Süßkartoffeln

Salz

120 ml Kokosmilch

1 frische rote Chilischote

2 TL Kreuzkümmel

1 TL Zimt

Ich liebe samtig-cremige Salatdressings, die von der Konsistenz eher einem Dip ähneln. Für meinen Grünkohlsalat (s. Seite 104) wollte ich ein Dressing, das Würze und Schärfe mitbringt und den Salat etwas sättigender macht. Diese Süßkartoffelcreme mit Kokosmilch ist genau das, was ich mir dafür vorgestellt hatte. Aber auch ein Knoblauch-Naan lässt sich toll darin eindippen.

Für die Süßkartoffelcreme die Kartoffeln schälen, in grobe Würfel schneiden und in Salzwasser 10–15 Minuten weich kochen. Abgießen und abtropfen lassen, dann zusammen mit der Kokosmilch und der grob gehackten Chilischote in ein hohes Gefäß geben und mit einem Stabmixer zu einer glatten Creme pürieren. Anschließend mit Kreuzkümmel, Zimt und Salz kräftig würzen. Wenn die Creme zu dick ist, noch ein wenig Kokosmilch dazugeben. Die Süßkartoffelcreme im Kühlschrank lagern und innerhalb weniger Tage verbrauchen.

ROTE-ZWIEBEL-MARMELADE

Für 1 Glas à 250 g

500 g rote Zwiebeln

50 Vollrohrzucker

2 EL Rotweinessig

250 ml Kirschlikör

½ TL frisch gemahlener Pfeffer

Salz

Zwiebeln, karamellisiert und mit Kirschlikör eingekocht, machen süchtig. Und so eine süße Zwiebelmarmelade passt eigentlich immer. Ganz hervorragend zum Beispiel zu einem salzigen Kräuter-Knäckebrot oder zu einem Stück altem Gouda. Pulled Pork (s. Seite 128), Zwiebelmarmelade und ein wenig Feldsalat auf einem Burgerbrötchen sind zusammen aber auch unwiderstehlich.

Die Zwiebeln schälen, vierteln und in einen Topf geben. Mit dem Zucker bei mittlerer Hitze karamellisieren lassen. Sobald der Zucker goldgelb ist, mit dem Essig ablöschen, kurz ein wenig einköcheln lassen, dann den Kirschlikör dazugeben. Die Mischung 20 Minuten köcheln lassen, bis die Flüssigkeit sirupartig eingedickt ist. Die Zwiebelmarmelade mit dem frisch gemahlenen Pfeffer und 1 Prise Salz würzen, in ein Schraubglas füllen und abkühlen lassen.

TAHINI MIT LIQUID SMOKE

Für ca. 350 g Tahini

300 g Sesamkörner mit Schale

40 ml Sesamöl

30 ml Rapsöl

1 ½ TL Salz

3 TL Liquid Smoke (Raucharoma)

Tahini ist eine köstliche Sesampaste und sorgt zum Beispiel in einem Hummus für eine schöne Sesamnote. Man kann das Tahini mit Joghurt mischen und hat dann einen tollen Dip für einen Rohkostteller, zum Fladenbrot oder als Aufstrich fürs Brot. Ein cremiges Salatdressing mit Tahini und Joghurt ist auch ganz wunderbar. Diese Tahini-Variante ist mit Liquid Smoke verfeinert und passt perfekt zu meinen knusprig-scharfen Auberginen-Sticks (siehe S. 108).

Die Sesamkörner in eine große Pfanne geben. Die Schale der Körner ist für den kräftigen Sesamgeschmack in dem Tahini verantwortlich. Möchte man eine mildere Variante, kann man auf Sesam ohne Schale zurückgreifen. Die Sesamkörner bei mittlerer Hitze rösten, dabei alle 1–2 Sekunden durchrühren, bis sie zu duften beginnen und leicht goldgelb werden. Abkühlen lassen, mit den beiden Ölsorten, dem Salz und dem flüssigen Raucharoma in einen Mixer geben und alles zu einer feinen Paste mixen. Das Tahini kann man in einem Schraubglas bei Zimmertemperatur aufbewahren.

TIPP | Tahini ist recht dickflüssig und kräftig im Geschmack. Wenn man es als Dip verwenden möchte, mischt man es am besten mit der gleichen Menge Joghurt.

BBQ-SAUCE

Für ein Glas à 450 g

370 g Ketchup

80 g Rohrzucker

550 ml Cola

30 ml Apfelessig

3 TL Kreuzkümmel

20 ml Liquid Smoke (Raucharoma)

Diese selbst gemachte BBQ-Sauce ist alles andere als gesund – das gebe ich zu. Doch sie ist einfach köstlich und jede Sünde wert. Ich mache immer eine große Portion davon, so hat man schnell etwas zur Hand, wenn man sein Abendbrot in ein aufregendes Sandwich verwandeln möchte oder der selbst gemachte Burger noch einen Extrakick Rauch und Würze braucht. Mein Pulled Pork und die Bao Buns (siehe S. 128) sind ohne diese Sauce gar nicht denkbar.

Ketchup, Zucker, Cola, Essig, Kreuzkümmel und Liquid Smoke in einen Topf geben und 1 Stunde sanft einköcheln lassen. Zwischendurch immer wieder rühren. Die fertige Sauce in ein Schraubglas füllen und kühl lagern.

AUFREGENDE DURSTLÖSCHER

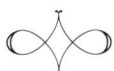

Kräuter, Beeren, Obst & Blüten verführen hier als Sirup, eiskaltes Getränk, Smoothie, Gewürz-Drink oder wärmender Tee. Perfekt zum Aperitif, als Durstlöscher an einem heißen Sommertag in der Hängematte oder zum Aufwärmen nach einem gemütlichen Herbstspaziergang.

INGWER-MINZ-TEE

Für 2 größere Tassen Tee
(ca. 500 ml)

1 Bio-Zitrone

3 große Stängel frische Minze, plus
6 Blätter zum Garnieren

40 g Ingwer

Ahornsirup oder Honig zum Süßen

Ich bin ein absoluter Tee-Mensch. Schon immer gewesen. Ich zelebriere meine morgendliche Tasse Tee und benutze immer unsere silberne antike Teekanne, die wir zur Hochzeit von meiner Tante und meinem Onkel geschenkt bekommen haben. Und ich trinke meinen Tee grundsätzlich aus meiner Lieblingstasse, denn darin schmeckt der Tee doppelt so gut. Oft trinke ich grünen oder schwarzen Tee, doch immer häufiger auch Tee aus frischen Kräutern. So wie diesen hier. So einfach und doch so gut.

Für den Tee 500 ml Wasser aufkochen. In der Zwischenzeit 3 dicke Scheiben Zitronenschale mithilfe eines Sparschälers von der Zitrone schälen. Den Saft der Zitrone auspressen. Die Minze waschen, den Ingwer schälen und in feine Scheiben schneiden.

Die Hälfte des Ingwers, die Zitronenschale und die ganzen Stängel Minze in einen Topf geben, mit dem heißen Wasser übergießen und ungefähr 10 Minuten ziehen lassen. Den so entstandenen Tee durch ein Sieb gießen und mit dem Zitronensaft mischen. In jede Tasse ein paar Scheiben frischen Ingwer und ein paar Blätter Minze geben. Den Tee erneut aufkochen und heiß in die Tassen füllen. Zum Süßen nehme ich gerne Ahornsirup oder Honig.

MASALA-CHAI-MILCH MIT EARL-GREY-EISWÜRFELN

Für ca. 2 Gläser (ca. 400 ml)

FÜR DIE EISWÜRFEL

2 TL Earl-Grey-Teeblätter

FÜR DEN TEE

400 ml Milch

1 EL schwarze Teeblätter
(z. B. Earl Grey)

¼ TL frisch gemahlener
schwarzer Pfeffer

2 Nelken

2 Kardamomkapseln,
leicht zerstoßen

½ TL gemahlener Zimt oder
1 kleine Zimtstange

2 Scheiben Ingwer

Honig zum Süßen, nach Belieben

Masala Chai kommt aus Indien und beschreibt einen starken und mit Gewürzen aromatisierten schwarzen Tee, der mit Milch aufgegossen wird. Ich bin dieser wunderbaren Kombination sofort verfallen und habe meine ganz eigene Variante für heiße Sommertage daraus gemacht: Mit Gewürzen und ein wenig schwarzem Tee aromatisierte Milch, die mit Eiswürfeln aus Earl Grey eine Extraportion Abkühlung und einen klaren Kopf bringt.

Für die Eiswürfel die Teeblätter in ein Tee-Ei geben, mit 200 ml kochendem Wasser aufgießen und etwa 5 Minuten ziehen lassen. Das Tee-Ei entfernen und den Tee ein wenig abkühlen lassen. Den Tee dann in einen Eiswürfelbehälter gießen und im Gefrierschrank zu Eiswürfeln gefrieren.

Die Milch zusammen mit 1 Esslöffel schwarzen Teeblättern, den Gewürzen und dem Ingwer in einen Topf geben und einmal aufkochen. Dann die Hitze reduzieren und die Milchmischung 5 Minuten sanft simmern lassen. Den Topf vom Herd nehmen, auf Zimmertemperatur abkühlen lassen und die Milch anschließend durch ein Sieb gießen, um die Gewürze zu entfernen.

3–4 Eiswürfel in jedes Glas geben und mit der Milch übergießen. Die Masala-Chai-Milch kann auf Wunsch noch mit Honig gesüßt werden und sorgt an einem heißen Sommernachmittag für würzige Abkühlung.

LIMONADE AUS GEGRILLTEM PFIRSICH

Für ca. 250 ml Sirup

300 g Pfirsiche

1 EL Öl

200 g Zucker

2 große Zweige Rosmarin

ZUM SERVIEREN

Mineralwasser oder Sekt

Die Idee zu dieser Limonade kam mir, als wir an einem Grillabend zum Dessert ein paar Pfirsiche mit Butter, Rohrzucker und Rosmarin grillten. Ich wollte versuchen, diesen Geschmack in einem Getränk einzufangen. Herausgekommen ist ein fruchtig-süßer Sirup, der mit Wasser oder Sekt aufgegossen werden kann.

Die Pfirsiche waschen, vierteln und den Stein entfernen. Eine Grillpfanne erhitzen oder den Grill anzünden. Die Pfirsichviertel mit ein wenig Öl bepinseln und ungefähr 1 Minute auf jeder Seite grillen.

Die Pfirsiche anschließend mit 300 ml Wasser in einen Topf geben und zugedeckt 20 Minuten sanft köcheln lassen. Den Topf vom Herd nehmen und 1 Stunde ruhen lassen. Das Pfirsichwasser durch ein Sieb in einen zweiten Topf gießen, dabei die Pfirsiche auffangen und ein wenig ausdrücken. Den Zucker und die Rosmarinzweige hinzugeben, 10 Minuten zugedeckt und weitere 10 Minuten offen köcheln lassen. Die Rosmarinzweige entfernen, den Sirup in ein Glasgefäß mit Schraubdeckel gießen und im Kühlschrank aufbewahren.

Den Sirup ganz nach Geschmack mit Mineralwasser oder Sekt aufgießen. Ich finde eine Mischung im Verhältnis 1:3 (also 1 Teil Sirup und 3 Teile Wasser oder Sekt) sehr lecker.

PFLAUMENLIMO

Für ca. 800 ml Limo

1 kg Pflaumen oder Zwetschgen

1 Zimtstange

4 Sternanis

2 EL Rohrzucker

Saft von 2 großen Zitronen

Pflaumen gibt es im Spätsommer in Hülle und Fülle. Warum nicht auch mal eine Limo daraus machen? Sternanis und Zimt hauchen der heimischen Frucht ein wenig Exotik ein. Fruchtig und würzig – einfach das perfekte Getränk für ein spätsommerliches Grillen mit Freunden im Garten.

Die Pflaumen waschen, vierteln und entkernen. Mit 1 l Wasser, den Gewürzen und dem Zucker in einen Topf geben und 10 Minuten sanft köcheln lassen. Dann alles durch ein Sieb in einen zweiten Topf gießen, dabei die Pflaumen leicht ausdrücken. Den Pflaumensaft zusammen mit dem Saft der 2 Zitronen aufkochen, 5 Minuten köcheln und dann abkühlen lassen.

Die Pflaumenlimo kann man pur trinken, ich mag sie aber auch gerne mit Mineralwasser gestreckt. Das optimale Mischungsverhältnis für ein großes Glas sind für mich 200 ml Limo und 150 ml Mineralwasser.

BROMBEERLIMO

Für ca. 400 ml Sirup

200 g Brombeeren

500 g Zucker

7 größere Salbeiblätter

FÜR 1 GLAS BROMBEERLIMO

3 Brombeeren

3 Salbeiblätter

2 EL Zitronensaft

60 ml Brombeersirup

1 Zitronenspalte

Mineralwasser

Eiswürfel

Diese Limo hat es in sich. Sie ist fruchtig, süß, säuerlich und hat ein feines, erdiges Salbeiaroma. Sie ist perfekt für ein kleines Sonntagnachmittag-Picknick mit der ganzen Familie im Garten.

Die Brombeeren waschen. Mit 400 ml Wasser, dem Zucker und den Salbeiblättern in einen Topf geben und 5 Minuten sanft köcheln lassen. Die Brombeermischung mit einem Pürierstab mixen, durch ein Sieb gießen und den Sirup auffangen. Den Brombeersirup abkühlen lassen.

Zum Servieren der Limo in jedes Glas 3 Brombeeren, 3 Salbeiblätter, 2 Esslöffel Zitronensaft, 60 ml Brombeersirup und 1 kleine Zitronenspalte geben. Mit 150 ml Mineralwasser aufgießen, ein paar Eiswürfel hinzugeben und eiskalt genießen.

DRINK MIT MELONE UND ROSMARIN

Für ca. 320 ml Sirup

1 große Wassermelone

240 g Zucker

40 ml Zitronensaft

4 Zweige Rosmarin

ZUM SERVIEREN

Wodka

Mineralwasser

Zitrone

Ein süßes Getränk mit einer angenehmen Rosmarinnote, ganz nach Wunsch als handfester Drink nur mit Wodka oder als Limo mit einem Schuss Hochprozentigem. In beiden Fällen einfach köstlich.

Die Wassermelone in Stücke schneiden, von der Schale befreien und in ein Sieb geben. Das Sieb auf eine Schüssel stellen und mithilfe eines Mörserstößels den Saft aus den Melonenstücken herauspressen. Alternativ kann man die Melone ohne Schale im Mixer pürieren, durch ein Passiertuch pressen und die Flüssigkeit auffangen. Für den Sirup benötigt man 450 ml Melonensaft.

Den Melonensaft mit Zucker, Zitronensaft und Rosmarinzweigen in einen Topf geben und bei mittlerer Hitze 10 Minuten sanft köcheln lassen. Den Sirup vom Herd nehmen und abkühlen lassen.

Für einen hochprozentigen Drink Wodka mit der doppelten Menge Sirup aufgießen. Für eine Limonade mit einem Schuss Wodka 40 ml Sirup mit 150 ml Mineralwasser aufgießen, den Saft einer halben Zitrone hinzufügen und mit einem Schuss Wodka eiskalt servieren.

MATCHA-PFEFFERMINZ-TEE MIT WHISKY

Für 2 Tassen Tee (ca. 400 ml)

3 große Stängel Minze

1 ½ TL Matchapulver

ZUM SERVIEREN

½ Bio-Limette

2 EL Rohrzucker

4 cl schottischer Whisky

Dieser Tee ist eher etwas für all diejenigen, die herbe Aromen lieben. Die sich bei einem guten Buch mit diesem Tee aufwärmen möchten, nachdem sie von einem langen Spaziergang an der frischen Luft wiedergekommen sind. Ich finde, es ist ein klassischer Männer-Tee – doch es soll ja auch unter Frauen große Whisky-Liebhaberinnen geben.

Für den Tee zunächst die ganzen Minzstängel mit 400 ml Wasser in einen Topf geben, aufkochen und dann auf 80 °C abkühlen lassen. Das Matchapulver in einen Messbecher geben und mit dem heißen Minzwasser übergießen. Mit einem Schneebesen oder Teequirl aus Holz verrühren. So lange rühren, bis das Pulver gelöst ist und sich an der Oberfläche ein wenig Schaum gebildet hat.

Die halbe Limette teilen und jeweils ein Stück zusammen mit 1 Esslöffel Rohrzucker in eine Teetasse geben. Die gezuckerte Limette ein wenig mit einem Stößel zerdrücken und mit jeweils 2 cl Whisky aufgießen. Den Matcha-Pfefferminz-Tee angießen und heiß genießen.

ROSENDRINK

Dieser Rosendrink schmeckt am besten sehr kalt und ist der perfekte Auftakt für ein romantisches Rosen-Candle-Light-Dinner. Er duftet ganz wunderbar nach den schönen Blumen und passt einfach toll zum Lachs mit Rosen-Beeren-Vinaigrette (siehe S. 107) und den Shortbreads mit Kardamom und blumigem Rosen-Icing (siehe S. 186). Überhaupt setze ich Rosen sehr sehr gerne in meiner Küche ein, denn sie verströmen ein unvergleichliches Aroma.

Für 2 größere Gläser

100 ml Rosenwasser

100 g Zucker

ZUM SERVIEREN

150 ml Gewürztraminer, gut gekühlt

150 ml Mineralwasser

40 ml Crème de Cassis

Für den Rosendrink zunächst einen Sirup aus Rosenwasser und Zucker herstellen. Dafür beides in einen Topf geben, aufkochen und 2 Minuten köcheln lassen, bis der Zucker aufgelöst ist. Den Sirup abkühlen lassen.

Den abgekühlten Rosensirup mit Gewürztraminer, Mineralwasser und Crème de Cassis mischen und gut durchrühren. Auf zwei Gläser verteilen und am besten eiskalt servieren.

CHAMPAGNER MIT BIRNEN-SALBEI-INGWER-SIRUP

Für ca. 130 ml Sirup

500 g Birnen

40 g Ingwer

2 große Stängel Salbei

90 g Vollrohrzucker

ZUM SERVIEREN

Champagner

Salbeiblätter

1 Birne, nach Belieben

Birnensirup erinnert mich an einen heißen spätsommerlichen Erntetag, an dem die Sonne schon tiefer steht und die Luft klebrig-süß duftet. Mit Champagner aufgegossen, wird daraus schnell ein köstlicher Aperitif. Aber auch mit etwas Wasser und Eiswürfeln schmeckt der Sirup wunderbar.

Die Birnen waschen und in grobe Stücke schneiden, den Ingwer in Scheiben schneiden und die Salbeistängel waschen. Alles zusammen mit 1 l Wasser in einen Topf geben, abgedeckt einmal aufkochen und ungefähr 30 Minuten sanft weiterköcheln lassen.

Den entstandenen Saft durch ein Sieb gießen, um die festen Bestandteile zu entfernen. Den Birnensaft nun mit dem Zucker etwa 35 Minuten zu einem Sirup kochen. Den Sirup noch heiß in ein sauberes Glasgefäß gießen, abkühlen lassen und im Kühlschrank aufbewahren.

Zum Servieren den Sirup je nach Geschmack mit Champagner oder Wasser aufgießen und mit zerpflückten Salbeiblättern garnieren. Wer mag, dekoriert das Glas auch noch mit einer hauchdünnen Birnenscheibe.

PROSECCO MIT APFEL-INGWER-SIRUP UND ZITRONENMELISSE

Für ca. 130 ml Sirup

500 g säuerliche, saftige Äpfel
(z. B. Braeburn)

40 g Ingwer

120 g Zucker

3 große Stängel Zitronenmelisse

ZUM SERVIEREN

Prosecco

ein paar Blättchen Zitronenmelisse

Ich finde, man kann nie genug selbst gemachten Sirup im Kühlschrank haben. So hat man immer etwas Leckeres zu trinken im Haus, wenn sich überraschend Besuch ankündigt. Dieser fruchtig-süße Apfelsirup hat bei mir allerdings nicht lange gehalten und ich musste schnell für Nachschub sorgen.

Die Äpfel waschen, in grobe Stücke schneiden. Den Ingwer in Scheiben schneiden. Alles zusammen mit 1 l Wasser in einen Topf geben, abgedeckt einmal aufkochen und ungefähr 30 Minuten sanft weiterköcheln lassen.

Den entstandenen Saft durch ein Sieb gießen, um die festen Bestandteile zu entfernen. Den Zucker hinzugeben und Saft und Zucker zu einem Sirup einkochen. Das dauert etwa 35 Minuten. In den letzten Minuten 3 Stängel Zitronenmelisse dazugeben und mitköcheln lassen.

Die Zitronenmelisse entfernen, den Sirup noch heiß in ein sauberes Glasgefäß gießen, abkühlen lassen und im Kühlschrank aufbewahren.

Den Sirup nach Geschmack mit Prosecco aufgießen, mit etwas Zitronenmelisse garnieren und genießen.

DRINKS MIT WHISKY-THYMIAN-HONIG

1 Glas

FÜR MÄNNER

4 cl Whisky
(z. B. von der Isle of Skye)

2 TL Whisky-Thymian-Honig
(siehe S. 41)

FÜR MÄDELS

40 ml Zitronensaft

15 ml Whisky-Thymian-Honig
(siehe S. 41)

Diese Drinks sind zusammen mit meinem Mann entstanden – er ist der Whisky-Liebhaber von uns beiden und stand mir beratend bei meinem Wunsch zur Seite, einen Drink aus Whisky und meinem Whisky-Thymian-Honig für Männer zu kreieren. Unsere Wahl fiel auf einen sehr torfigen Single Malt mit Noten von Meersalz, der die Süße des Honigs verträgt. Ich weiß, dass wahre Liebhaber ihren Whisky am liebsten pur trinken, und auch mein Mann zieht diese Variante vor, dennoch ist der Drink mit Honig einen Versuch wert – glaubt es uns. Für die Mädels haben wir uns für eine Art Limonade mit dem Whisky-Thymian-Honig entschieden, sauersüß und mit einem schönen Thymiangeschmack.

FÜR MÄNNER

Den Honig in einen Whisky-Tumbler geben, den Whisky angießen und mit einem Löffel verrühren.

FÜR MÄDELS

Den Zitronensaft zusammen mit dem Honig und 120 ml Wasser in einen Cocktailshaker geben und alles gut mixen. Am besten auf Eis servieren.

GRANITA MIT SEKT UND GRANATAPFEL

Für ca. 8 Portionen

9 Kardamomkapseln

180 g Zucker

Salz

500 ml Saft von Blutorangen

ZUM SERVIEREN

Kerne eines Granatapfels

Sekt

Ich bin der Kombination aus Zitrusfrucht und Kardamom verfallen. Genau wie meine Orangenmarmelade mit Kardamom (siehe S. 33) lässt auch diese Kombi mit Blutorange mein Herz höherschlagen. Ich finde, Granita ist einfach immer eine Sünde wert und spätestens bei Granatapfel und Sekt habe ich wahrscheinlich die meisten Mädels überzeugt, oder?

Die Kardamomkapseln im Mörser leicht zerstoßen. Den Zucker zusammen mit 425 ml Wasser, den Kardamomkapseln und 1 Prise Salz köcheln lassen, bis er sich aufgelöst hat. Das Zuckerwasser mit dem Saft der Blutorangen vermengen, die Mischung abkühlen lassen. Durch ein Sieb gießen, um die festen Bestandteile zu entfernen, und in einen Gefrierbehälter füllen. Die Granita mindestens 5 Stunden im Gefrierschrank kühlen. Ungefähr einmal pro Stunde sollte man mit der Gabel durch die Granita kratzen und die entstanden Eiskristalle vermengen. Zum Schluss hat man eine Konsistenz, die an bunten Schnee erinnert.

Die Granita in ein Glas löffeln und sofort mit Sekt und Granatapfelkernen servieren. Perfekt für einen Mädelsabend.

SMOOTHIE MIT BROMBEEREN UND ROTER BETE

Für 2 Smoothies

75 ml Blutorangensaft

200 ml Mandelmilch

250 g Brombeeren

50 g Rote Bete, weich gekocht

50 g Granatapfelkerne

15 g Ingwer, geschält und grob gehackt

1 Handvoll Eiswürfel

Smoothies sind seit Jahren im Trend und ich kann das gut verstehen. Köstlichstes Obst und/oder Gemüse wird mit weiteren leckeren Zutaten gemixt und häufig kommt ein leuchtend buntes und verdammt gesundes Getränk dabei heraus. So ist es auch bei diesem Smoothie. Sehr lecker, sehr hübsch anzusehen und gesund. Na, wenn das mal kein Grund ist, häufiger einen Smoothie zu trinken!

Den Saft der Blutorange und die Mandelmilch in einen Mixer geben. Die Brombeeren, Rote Bete, Granatapfelkerne und Ingwer hinzufügen und ein paar Eiswürfel dazugeben. Nun alles sehr fein mixen und den Smoothie anschließend durch ein Haarsieb gießen, um feste Bestandteile, wie die Kerne der Brombeeren, zu entfernen. Dieser Smoothie ist ein köstlicher Start in den Tag.

GOLDEN-MANGO-SMOOTHIE

Für 2 Smoothies

FÜR DIE KURKUMAPASTE

3 EL Kokosöl

3 EL gemahlene Kurkuma

3 TL frisch gemahlener Pfeffer

FÜR DIE SMOOTHIES

1 reife Mango

300 ml Mandelmilch

6 Eiswürfel

3 große TL Kurkumapaste

2 EL Ahornsirup

1 TL Cayennepfeffer
(nach Geschmack)

Golden Milk, ein Getränk aus Kurkuma, Pfeffer und einer pflanzlichen Milch, ist absolut köstlich und obendrein ein wahrer Gesundbrunnen. Ich bin diesem würzig-scharfen Getränk sofort verfallen und wollte unbedingt eine fruchtige Variante in Form eines Smoothies probieren. Et voilà, herausgekommen ist dieser scharfe goldgelbe Mangodrink.

Für die Kurkumapaste das Kokosöl in einem Topf sanft erwärmen, die gemahlene Kurkuma, 9 Esslöffel Wasser und den Pfeffer hinzufügen und so lange rühren, bis eine dicke Paste entsteht. Dies geschieht bereits nach kürzester Zeit. Die Paste in ein Schraubglas füllen. Übrigens: Die Paste kann man auch einfach in heißer Mandelmilch auflösen und hat so eine klassische Golden Milk.

Für die Smoothies die Mango schälen und am Kern entlang der Länge nach halbieren. Den Kern entfernen und das Fruchtfleisch grob würfeln. Die Mandelmilch zusammen mit den Mangowürfeln, 125 ml Wasser und den restlichen Zutaten in einen Mixer geben und so lange mixen, bis der Smoothie eine sehr feine Konsistenz bekommt.

Dieser Smoothie ist durch den Cayennepfeffer recht scharf. Wer das nicht mag, kann den Cayennepfeffer reduzieren oder ganz weglassen.

CHOCOLATE LASSI

Für ca. 750 ml

400 ml Vollmilch

2 Kardamomkapseln, zerstoßen

½ TL Zimt

1 Nelke

½ TL Pumpkin Spice

Salz

100 g Zartbitter-Kuvertüre

220 g kalter Joghurt

2 EL Ahornsirup

3 TL Kakaopulver

3 TL Zimtpulver

Der wohl leckerste und würzigste Lassi, den ich je getrunken habe. Schön schokoladig und perfekt als Belohnung nach einem anstrengenden Tag. Denn die vielen Gewürze in diesem Drink machen wach und glücklich. Die Schokolade und der Kakao helfen natürlich auch dabei.

Die Milch zusammen mit den Kardamomkapseln, Zimt, Nelke, Pumpkin Spice und 1 Prise Salz kurz erhitzen, bis die Milch dampft. Vom Herd nehmen, 5 Minuten ziehen lassen und erst dann die Gewürze entfernen. Die Milch erneut erwärmen und die grob gehackte Kuvertüre unterrühren, bis sie geschmolzen ist. Die Schokoladenmilch nun im Kühlschrank abkühlen lassen.

Die kalte Schokoladenmilch mit Joghurt und Ahornsirup in einen Mixer geben und kurz mixen, damit sich alles schön verbindet. Chocolate Lassi in Gläser füllen, Kakaopulver und Zimt miteinander vermischen und auf den Lassi geben.

WÜRZIGE LECKEREIEN

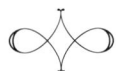

Raffinierte Burger, köstliche Sandwiches, kleine Knabbereien, wärmende
Suppen und leckerste Salate sorgen durch ihre spannenden Aromen-
zusammenstellungen für wahre Geschmacksexplosionen. Hier finden sich
würzige Leckereien die von Aromen nur so strotzen und Genießerherzen
zum Kochen verführen. Bindet euch die Kochschürze um und legt los ...

RAMEN MIT WACHSWEICHEM EI

Für 2 Personen

FÜR DIE EINLAGE

4 Eier, Größe M

4 EL Sojasauce

50 g getrocknete Mungobohnen

500 g Hokkaido-Kürbis

3 EL Olivenöl

Salz

1 ½ EL Rohrzucker

2 EL Ahornsirup

1 frische grüne Chilischote

1 frische rote Chilischote

2 Frühlingszwiebeln

1 Bio-Zitrone

2 große Kräuterseitlinge

½ TL Kokosöl

Pfeffer

1 Bund Koriander

150 g getrocknete Ramen
oder Mie-Nudeln

1 kleines Stück Ingwer

Seit meiner Kindheit liebe ich Nudelsuppe, denn sie erinnert mich an meine Großeltern, besonders an meinen Opa: Er hat die Nudeln immer selbst gemacht und dann in einer intensiv duftenden Brühe serviert. Diese asiatische Nudelsuppe verbindet für mich daher Nostalgie und Food-Trend, ist also wie für mich gemacht. Und wahrscheinlich gibt es von Ramen, einer asiatischen Nudelsuppe mit viel Einlage, kaum einen größeren Fan als mich.

Die Eier in einem kleinen Topf genau 6 Minuten kochen, dann ist das Eigelb wachsweich und das Eiweiß hart. Die Eier herausnehmen, in eiskaltem Wasser abschrecken und anschließend schälen. Die Sojasauce in einen Gefrierbeutel mit Zip-Verschluss geben und die abgekühlten Eier hineinlegen. Am besten über Nacht im Kühlschrank marinieren.

Die Mungobohnen mit Wasser übergießen und 2–3 Stunden einweichen. Anschließend 40 Minuten weich kochen, dann abseihen und abkühlen lassen.

Den Backofen auf 200 °C Ober-/ Unterhitze vorheizen. Den Kürbis halbieren, die Kerne mit einem Löffel herauskratzen und den Kürbis in kleine Würfel (2 x 2 cm) schneiden. Die Kürbiswürfel mit Olivenöl, 1 Teelöffel Salz und 1 Teelöffel Zucker vermengen. Ein Backblech mit Backpapier auslegen und die Kürbiswürfel darauf verteilen. Im vorgeheizten Ofen auf der mittleren Schiene 25 Minuten rösten, dann mit Ahornsirup vermengen und 1–2 Minuten unter dem Backofengrill karamellisieren.

Weiter geht's auf der nächsten Seite.

FÜR DIE SUPPE

2 EL Ingwer

1 rote frische Chilischote

1 TL Kokosöl

2 EL Sojasauce

1 l Hühnerbrühe

AUSSERDEM

1 Gefrierbeutel mit Zip-Verschluss

In der Zwischenzeit die Suppenbasis vorbereiten. Den Ingwer und die Chilischote fein hacken und in dem Kokosöl leicht anschwitzen. Mit der Sojasauce ablöschen und mit Hühnerbrühe aufgießen. Die Brühe abgedeckt ungefähr 10 Minuten leicht köcheln lassen.

Für die Einlage nun die Chilischoten und die Frühlingszwiebeln waschen und in feine Ringe schneiden. Die Schale der Zitrone mit einem Sparschäler abschälen, das restliche Weiße an der Schale mit einem Filetiermesser entfernen und die Schale dann in feine Streifen schneiden. Die Kräuterseitlinge mit einem Pinsel von Erde befreien und längs in Scheiben schneiden. Die Pilze in dem Kokosöl scharf anbraten, 1 Esslöffel Zucker dazugeben und die Pilze durchschwenken, bis der Zucker geschmolzen und leicht karamellisiert ist. Salzen, pfeffern und warm halten. Den Koriander waschen und grob zerzupfen.

Die Nudeln in eine kleine Schüssel geben, mit kochendem Wasser übergießen und 2–3 Minuten ziehen lassen. Das Wasser abgießen und die Nudeln mit einer Schere grob zerschneiden. Den Ingwer schälen und in feine Scheibchen schneiden. Nudeln, Mungobohnen und Kürbis auf zwei schöne große Schalen verteilen und mit der heißen Brühe aufgießen. Chili, Frühlingszwiebeln, Zitronenschale, Pilze, Koriander und Ingwer hinzugeben und die Suppe mit den marinierten, halbierten Eiern servieren.

RAMEN MIT PULLED PORK

Für 4 Personen

FÜR DIE SUPPE

1 frische rote Chilischote

1 TL Kokosöl

3 EL Rohrzucker

1 EL Fünf-Gewürze-Pulver

3 EL Sojasauce

1 l Hühnerbrühe

150 ml Fleischsud vom Pulled Pork
(siehe S. 128)

FÜR DIE EINLAGE

750 g Pulled Pork (siehe S. 128)

3 EL Rohrzucker

1 TL Currypulver

2 frische Chilischoten

1 kleinere Möhre

1 Bio-Limette

1 Bund Koriander

200 g Ramen oder Mie-Nudeln

2 EL eingelegter Ingwer

Diese Ramen sind unwiderstehlich lecker, denn dieses Gericht hat es in sich – es ist scharf, zitronig, würzig, kräuterig, ein wenig süß und gleichzeitig unwahrscheinlich herzhaft. Das Pulled Pork (siehe S. 128) ist sehr saftig und zart und eine köstliche Einlage für diese asiatische Nudelsuppe. Als Extra-Goodie habe ich etwas Fleisch mit Curry und Rohrzucker karamellisiert. Das knusprige Fleisch ist zum Niederknien und das i-Tüpfelchen dieser Suppe.

Für die Suppenbasis die Chilischote fein hacken und in dem Kokosöl leicht anschwitzen. Den Rohrzucker und das Fünf-Gewürze-Pulver dazugeben und leicht karamellisieren. Mit Sojasauce ablöschen, Hühnerbrühe und den Fleischsud vom Pulled Pork aufgießen. Die Brühe abgedeckt ungefähr 10 Minuten leicht köcheln lassen.

In der Zwischenzeit die Zutaten für die Einlage vorbereiten. Ungefähr ein Drittel des Pulled Pork in einer heißen Pfanne mit dem Rohrzucker karamellisieren. Das Currypulver dazugeben, unterrühren und das karamellisierte Fleisch warm halten. Die Chilischoten und die Möhre waschen und in feine Ringe bzw. feine Streifen schneiden. Die Limettenschale fein abreiben. Den Koriander waschen und grob zerzupfen. Die Nudeln in eine kleine Schüssel geben, mit kochendem Wasser übergießen und 2–3 Minuten ziehen lassen. Das Wasser abgießen und die Nudeln mit einer Schere grob zerschneiden. Den eingelegten Ingwer ein wenig abtropfen lassen.

Die Nudeln und das Pulled Pork auf zwei große Schalen verteilen und mit der heißen Brühe aufgießen. Chili, Möhren, Limettenschale, Koriander, Ingwer und zum Schluss das karamellisierte Pulled Pork dazugeben und servieren.

BROTSALAT

Für 2 Personen

FÜR DAS CURRYBROT

280 g Mehl

1 TL Backpulver

2 TL Salz

2 EL Currypulver

210 ml Buttermilch

Butter und Mehl für die Form

FÜR DEN SALAT

2 Handvoll Rucola

Salz

1 EL Olivenöl

2 Scheiben CurryBrot

2 EL Pflanzenöl

4 EL Pinienkerne

2 EL getrocknete Johannisbeeren

3 EL grob geriebener Parmesan

AUSSERDEM

Dutch Oven (gusseiserner Topf mit Deckel) oder 2 Backformen (Ø 20 cm)

Ein Brotsalat ist eine einfache, aber köstliche Angelegenheit. Umso mehr, wenn man ein leckeres Brot hat, das man in ein wenig Öl anbrät. Für diesen Salat habe ich extra ein Currybrot gebacken. Aber keine Angst, es ist wohl das schnellste und leckerste Brot, das man sich vorstellen kann. Man muss lediglich eine halbe Stunde dem köstlichen Duft aus dem Backofen widerstehen. Dann kann man sich über dieses knusprige und würzige Brot hermachen.

Einen Dutch Oven oder eine kleine runde Backform einfetten und mehlen. Den Backofen auf 220 °C Ober-/Unterhitze vorheizen. Für das Brot die trockenen Zutaten in einer Schüssel mischen, dann die Buttermilch dazugeben. Den Teig kurz mit einem Löffel durchrühren, dann auf einer bemehlten Arbeitsplatte rasch durchkneten. Den Teig zu einer Kugel formen, in die vorbereitete Form legen, die Oberfläche kreuzförmig einschneiden und mit dem Deckel oder einer weiteren Kuchenform abdecken. Das Brot abgedeckt 25 Minuten backen. Danach weitere 5 Minuten ohne Abdeckung goldgelb backen. Das knusprige Brot kurz abkühlen lassen.

Den Rucola waschen und mit Salz und Olivenöl würzen. Die Brotscheiben zerzupfen und in einer heißen Pfanne mit dem Pflanzenöl goldgelb rösten, dann zum Rucola geben. Die Pfanne auswischen und die Pinienkerne darin kurz goldgelb rösten. Den Salat mit den getrockneten Johannisbeeren, den Pinienkernen und dem Parmesan servieren.

TIPP | Getrocknete Beeren sind häufig im Gewürzhandel erhältlich. Doch wer sich nicht scheut, ein wenig Zeit zu investieren, kann Beeren auch ganz leicht selber trocknen: In einem Dörrautomaten oder im Backofen bei 90 °C Umluft sind die Beeren nach einigen Stunden trocken.

GRÜNKOHLSALAT MIT WILDREIS, NÜSSEN, BEEREN UND SÜSSKARTOFFELCREME

Für 4 Personen

1 Tasse schwarzer Wildreis

300 g frischen Grünkohl

4 EL Olivenöl

½ TL Salz

100 g Haselnusskerne

100 g Pistazien

2 EL Ahornsirup

100 g Himbeeren

100 g Brombeeren

2 EL Honig

1 große Handvoll Johannisbeeren

Süßkartoffelcreme (siehe S. 50)

Für mich gibt es keine bessere Basis für einen Salat als Grünkohl. Er ist würzig, kräftig, bissfest und herb – und geht selbst in Kombination mit anderen starken Aromen nicht unter. Die Süße der Beeren, das rauchige Kreuzkümmelaroma und die leichte Kokosnote sorgen bei diesem Rezept für Spannung und das leckerste Salaterlebnis. Wildreis und Nüsse geben den nötigen Crunch.

Den Wildreis mit 4 Tassen Wasser ohne Salz in einen Topf geben und einmal aufkochen lassen. Die Temperatur stark reduzieren und den Reis 20–25 Minuten sieden, aber nicht kochen lassen. Gegen Ende der Garzeit probieren: Der Reis sollte noch bissfest und nicht zu weich sein. Reis in ein Sieb geben, kalt abschrecken und abtropfen lassen.

In der Zwischenzeit den Grünkohl verlesen und waschen. Die Blätter vom dicken Strunk befreien und mit den Händen in mundgerechte Stücke zupfen. Den Grünkohl nun in eine große Schüssel geben, Olivenöl und Salz hinzufügen und den Salat vorsichtig mit den Händen massieren. Durch das Massieren wird der Grünkohl weicher und gleichzeitig wird das Olivenöl gleichmäßig verteilt.

Die Haselnüsse und Pistazien in einer Pfanne ohne Fett etwa 2 Minuten unter ständigem Rühren leicht rösten. Dann den Ahornsirup unterrühren, die Nussmischung auf einem Backpapier ausbreiten und abkühlen lassen. Die Himbeeren und Brombeeren waschen, trocken tupfen, in einer Schüssel mit Honig mischen und mit einer Gabel grob zerdrücken. Die Johannisbeeren ebenfalls waschen und trocken tupfen.

Den Grünkohl mit dem schwarzen Wildreis mischen und auf einer großen Platte anrichten. Nüsse, Honig-Beeren und Johannisbeeren gleichmäßig auf dem Salat verteilen. Ein wenig Süßkartoffelcreme über den Salat träufeln, den Rest in ein Kännchen geben und auf den Tisch stellen, sodass sich jeder nach Geschmack bedienen kann.

SPINATSALAT MIT LACHS UND BEEREN-ROSEN-VINAIGRETTE

Für 2 Personen

FÜR DEN LACHS

2 Lachsfilets à 125 g, ohne Haut

2 EL Olivenöl

1 TL rosa Pfefferbeeren

1 TL getrocknete Beeren (Johannis-, Holunder-, Blaubeeren), gemörsert

1 TL schwarzer Pfeffer, grob gemörsert

½ TL gemahlener Espresso

FÜR DIE BEEREN-ROSEN-VINAIGRETTE

150 g Zucker

5 EL Rosenblütenblätter oder 150 ml Rosenwasser

100 g frische Brombeeren

Salz

Pfeffer

FÜR DEN SALAT

150 g junge Mangold- und Spinatblätter

Salz

1 EL Olivenöl

je 2 EL Brombeeren und Blaubeeren

1 EL Johannisbeeren

2 EL Pistazien

Dieser Spinatsalat mit vielen Beeren und Rosenaroma passt zu einem romantischen Candle-Light-Dinner. Er hat etwas Märchenhaftes und Zartes an sich, und man fühlt sich ein bisschen wie eine Prinzessin, wenn man ihn isst. Zumindest ging es mir bei unserem Candle-Light-Dinner für dieses Buch so ...

Für das Lachsfilet den Backofen auf 140 °C Ober-/Unterhitze vorheizen. Den Fisch waschen, eventuell vorhandene Gräten entfernen und den Lachs in eine mit Backpapier ausgelegte kleine Auflaufform legen. Den Fisch mit dem Olivenöl bestreichen und mit den rosa Pfefferbeeren, getrockneten Beeren, Pfeffer und Espressopulver bestreuen. Das Lachsfilet im Ofen 20 Minuten garen.

Für die Beeren-Rosen-Vinaigrette braucht man 2 Esslöffel Rosensirup. Dafür 150 ml Wasser, den Zucker und die Rosenblüttenblätter ungefähr 10 Minuten köcheln, den Sirup anschließend durch ein Sieb gießen. Alternativ kann man 150 ml gekauftes Rosenwasser mit dem Zucker aufkochen und köcheln lassen, bis der Zucker geschmolzen ist. Den Sirup abkühlen lassen.

Währenddessen die frischen Brombeeren waschen, mit einem Stabmixer zusammen mit 1 Esslöffel Wasser pürieren und durch ein Sieb streichen, um die Kerne zu entfernen. Das Brombeerpüree mit dem Rosensirup verrühren und mit ein wenig Salz und Pfeffer würzen.

Für den Salat die jungen Mangold- und Spinatblätter verlesen, gut waschen und trocken schleudern. Den Salat mit 1 Prise Salz und dem Olivenöl in eine Schüssel geben und mit den Händen vorsichtig durchmischen. Die Brombeeren, Johannisbeeren und Blaubeeren waschen, trocken tupfen und zusammen mit den Pistazien unter den Salat mischen. Den Salat mit dem Lachs und der Vinaigrette servieren.

KNUSPRIGE AUBERGINEN-STICKS MIT RAUCHIGEM TAHINI-DIP

Snack für 2 Personen

FÜR DIE AUBERGINEN-STICKS

1 Aubergine (ca. 150–160 g)

1 TL Garam Masala

1 TL Cayennepfeffer

1 ½ TL Salz

60 g gemahlene Mandeln

30 g Panko (asiatische Weißbrotkrumen)

1 Ei

fein abgeriebene Schale von 1 Bio-Zitrone

FÜR DEN TAHINI-DIP

80 g Tahini (siehe S. 55)

80 g Joghurt

Auberginen waren lange Zeit nicht unbedingt mein Lieblingsgemüse. Doch diese Auberginen-Sticks sind so knusprig und würzig, dass ich einfach gar nicht genug davon bekommen kann. Mit ihnen habe ich Aubergine lieben gelernt.

Den Ofen auf 200 °C Ober-/Unterhitze vorheizen. Die Aubergine waschen, erst in Scheiben schneiden, dann in schmale Streifen, die an Pommes frites erinnern. Die Auberginen-Sticks mit den Gewürzen und den Mandeln in eine Schüssel geben und mit den Händen mischen, bis die Auberginen überall mit Mehl und Gewürzen bedeckt sind. Das Panko in eine Auflaufform geben und mit ein wenig Wasser besprenkeln. Das Ei in eine Schüssel schlagen und mit einer Gabel verquirlen. Die mehlierten Auberginen-Sticks zuerst im Ei, dann in der Schale mit dem Panko wenden. Die panierten Auberginen auf ein mit Backpapier belegtes Blech geben und im Ofen auf der untersten Schiene ungefähr 15 Minuten backen. Die Auberginen-Sticks abkühlen lassen und die abgeriebene Zitronenschale darüberstreuen.

Für den Dip das Tahini mit dem Joghurt glatt rühren und zusammen mit den Auberginen servieren. Ich mische das Tahini mit der gleichen Menge Joghurt, dann kommt die würzige und rauchige Note des Tahini wunderbar zur Geltung. Wer mag, kann den Dip aber auch kräftiger oder milder machen.

GERÖSTETE SÜSSKARTOFFELN MIT RICOTTA

Für 2 Personen

FÜR DIE SÜSSKARTOFFELN

500 g Süßkartoffeln

80 g weiche Butter

3 TL Kreuzkümmel

1 TL Salz

FÜR DEN RICOTTA

2 Bio-Zitronen (fest und grünlich)

125 g Ricotta

Salz

Pfeffer

1 Handvoll Pekannusskerne

1 Handvoll Walnusskerne

Kartoffeln und ich, das ist so eine Sache. Mein Mann findet, dass es sie bei uns viel zu selten gibt. Wenn ich aber mal Lust auf Kartoffeln habe, dann auf irgendeine Art und Weise geröstet. Seien es die Bratkartoffeln von meinem Mann oder Röstkartoffeln aus dem Ofen. So wie diese Süßkartoffeln hier. Sie sind genau nach meinem Geschmack. Mit ein wenig Butter, einer kräftigen Kreuzkümmelnote, cremigem Ricotta, viel Zitrone und jeder Menge Nüssen.

Den Backofen auf 180 °C Ober-/Unterhitze vorheizen. Die Süßkartoffeln schälen und in ungefähr 1 cm dicke Scheiben schneiden. Die weiche Butter mit dem Kreuzkümmel und dem Salz verrühren. Die Süßkartoffelscheiben auf ein mit Backpapier belegtes Backblech legen und mit der weichen Gewürzbutter bestreichen. Die Süßkartoffeln im Ofen auf der zweiten Schiene von unten 30 Minuten rösten.

In der Zwischenzeit die Schale der Zitronen abreiben und die Hälfte unter den Ricotta rühren. Den Ricotta mit Salz und Pfeffer würzen und die Nüsse kurz in einer Pfanne ohne Fett rösten.

Die Süßkartoffeln mit der anderen Hälfte der geriebenen Zitronenschale bestreuen und zusammen mit dem Ricotta und den Nüssen anrichten.

OFENGEMÜSE MIT ROTE-BETE-PESTO

Für 2 Personen

700 g gemischtes Wurzelgemüse
(z. B. lila und gelbe Möhren, lila
Kartoffeln, rote Kartoffeln)

2 EL Olivenöl

2 EL salziges Malzbier-Karamell
(siehe S. 161)

1 TL Salz

Cayennepfeffer, nach Belieben

½ Bund glatte Petersilie

Rote-Bete-Pesto, nach Belieben
(siehe S. 47)

Geröstetes Gemüse ist ein perfektes schnelles Herbstessen. Man kann gemütlich über den Markt schlendern, die buntesten Gemüsesorten aussuchen, grob zerteilen und dann im Ofen mit ein wenig Süße und Gewürzen rösten. Mit meinem Rote-Bete-Pesto und einem kleinen Feldsalat ist Ofengemüse ein wunderbares vegetarisches Gericht.

Den Backofen auf 160 °C Umluft vorheizen. Das Gemüse waschen und in nicht zu große Scheiben und Spalten schneiden. In eine Schüssel geben, mit Olivenöl, Malzbier-Karamell, Salz und nach Belieben mit Cayennepfeffer mischen und gut durchrühren. Das gewürzte Gemüse auf ein mit Backpapier belegtes Blech geben und im vorgeheizten Backofen auf der mittleren Schiene 45 Minuten rösten.

In der Zwischenzeit die Petersilie waschen, die Blätter von den Stängeln zupfen und grob hacken. Das geröstete Gemüse mit der Petersilie bestreuen und mit dem Rote-Bete-Pesto servieren. In dem Pesto ist schon sehr viel Orangenschale verarbeitet. Wer dem Orangengeschmack aber verfallen ist, kann natürlich auch noch über das Ofengemüse ein wenig fein geriebene Orangenschale geben.

GERÖSTETE GEMÜSESCHEIBEN MIT SANDDORN UND ORANGE

Vorspeise für 2 Personen

FÜR DIE GERÖSTETEN GEMÜSESCHEIBEN

450 g verschiedene Wurzelgemüse
(z. B. Rote Bete, Süßkartoffeln,
Rüben)

3 EL Olivenöl

1 TL Meersalz

FÜR CROÛTONS UND NÜSSE

1 Scheibe Pumpernickel

2 EL Rapsöl

2 EL Mandeln

1 EL Pistazien

1 ½ EL Olivenöl

ZUM SERVIEREN

1 Orange

2 große Grünkohlblätter

Salz

Kerne von ½ Granatapfel

2 EL Sanddornsirup

Geröstete Gemüsescheiben, süßsaurer Sanddornsirup, knusprigster Pumpernickel, saftig-frische Granatapfelkerne, fruchtige Orange und knackige Nüsse – tolle Aromen, die unglaublich glücklich machen. So mag ich mein Gemüse.

Den Backofen auf 200 °C Ober-/Unterhitze vorheizen. Das Gemüse schälen und in etwa 2 mm dicke Scheiben schneiden. Die Gemüsescheiben nebeneinander auf ein mit Backpapier ausgelegtes Blech legen, mit dem Öl bepinseln und mit Meersalz bestreuen. Das Gemüse auf der mittleren Schiene ungefähr 10 Minuten rösten.

Pumpernickel erst in etwa 5 mm breite Streifen, dann in kleine Würfel schneiden und in dem Rapsöl 5 Minuten knusprig rösten. Anschließend auf Küchenkrepp abtropfen lassen und grob mörsern.

Die Mandeln und Pistazien grob hacken und kurz in einer Pfanne ohne Fett rösten. Nach dem Rösten mit 1 Teelöffel Olivenöl mischen.

Die Orange schälen und das Fruchtfleisch filetieren. Die Grünkohlblätter waschen, vom Strunk befreien, in mundgerechte Stücke zupfen, mit 1 Esslöffel Olivenöl und 1 Prise Salz vermengen und mit den Händen massieren. So wird der Grünkohl weicher und noch aromatischer. Die gerösteten Gemüsescheiben zusammen mit dem Grünkohl und den Orangenfilets auf einer Platte anrichten. Mit den Nüssen, den Granatapfelkernen und den Pumpernickel-Croûtons anrichten und mit 2 Esslöffel Sanddornsirup beträufeln.

CROSTINI MIT BACON JAM, KICHERERBSEN UND HUMMUS

Kleine Vorspeise für 4 Personen

FÜR DIE GEBACKENEN KICHERERBSEN

250 g Kichererbsen, gekocht

1 EL Olivenöl

½ TL Cayennepfeffer

je ½ TL Kreuzkümmel und Salz

FÜR DEN HUMMUS

1 Knoblauchknolle

250 g Kichererbsen, gekocht

1 TL Kreuzkümmel

1 TL Meersalz, fein gemahlen

1 TL Cayennepfeffer

30 ml Olivenöl

70 g Joghurt

25 g geriebener Parmesan

FÜR DIE BACON JAM

100 g Bacon

1 Zwiebel

120 g brauner Zucker

1 EL Apfelessig

4 EL Ahornsirup

120 ml Kaffee

1 frisches Ciabatta

Hülsenfrüchte und ganz besonders Kichererbsen haben es mir angetan. Kein Wunder, sie sind ja auch unheimlich vielseitig und sättigend. Dieses Rezept zeigt auf unterschiedliche Art, wie lecker und wandelbar sie sind. Mal knackig und scharf, mal cremig und würzig. Bacon Jam – ja, richtig gelesen, eine Marmelade aus Bacon – macht dieses Crostini-Rezept perfekt.

Für die gebackenen Kichererbsen die gekochten Kichererbsen gut abtrocknen und mit dem Öl und den Gewürzen mischen. Den Backofen auf 180 °C Ober-/Unterhitze stellen, die Kichererbsen auf ein mit Backpapier ausgelegtes Backblech geben und in den noch kalten Ofen schieben.

Für den Hummus die Knoblauchknolle in Alufolie wickeln und neben den Kichererbsen im heißen Ofen rösten. Nach etwa 35 Minuten ist der Knoblauch weich, unglaublich süß im Geschmack und lässt sich zudem leicht aus der Schale lösen. Den Knoblauch schälen und zusammen mit den gekochten Kichererbsen, den Gewürzen, dem Olivenöl, dem Joghurt und dem Parmesan in einen Mixer geben und zu einer feinen Paste mixen.

Die Kichererbsen im Ofen sind nach etwa 40 Minuten geröstet. Den Ofen ausschalten, die Ofentür leicht öffnen und die Kichererbsen nachgaren lassen, bis der Ofen wieder abgekühlt ist. Die gerösteten Kichererbsen kann man abgekühlt in ein verschließbares Glas geben und noch einige Tage später als Snack zwischendurch genießen.

Für die Bacon Jam den Bacon in feine Streifen schneiden, die Zwiebel fein hacken und beides zusammen mit Zucker, Essig, Ahornsirup und Kaffee zu einer dickflüssigen Marmelade einkochen. Das dauert ungefähr 20 Minuten. Die Bacon Jam in ein Schraubglas füllen und abkühlen lassen.

Das Ciabatta in Scheiben schneiden, kurz im Ofen bei 180 °C rösten, herausnehmen und zusammen mit der Bacon Jam, dem Hummus und den gebackenen Kichererbsen servieren.

CROSTINI MIT ZIEGENKÄSE, BACON-CRUMBLE UND BLAUBEEREN

Kleine Vorspeise für 4 Personen

FÜR DEN BACON-HASELNUSS-CRUMBLE

25 g Bacon (4–5 Scheiben)

50 g Haselnusskerne

1 TL Zucker

FÜR DIE BLAUBEEREN

250 g Blaubeeren

2 EL Ahornsirup

FÜR DIE CROSTINI

1 große Stange Weißbrot
(Baguette oder Ciabatta)

400 g Ziegenkäse

8 Zweige Thymian

Ich liebe es, auf den ersten Blick gegensätzliche Aromen in einem Gericht zu vereinen. Würziger Ziegenkäse, knuspriger Crumble aus Bacon und Haselnuss, süße Blaubeeren und Thymian gehen für diese Crostini eine harmonische Verbindung ein. Überzeugt euch selbst!

Für den Crumble den Bacon in einer Pfanne ohne Fett bei starker Hitze knusprig braten und anschließend auf einem Küchenkrepp abtropfen lassen.

Die Haselnüsse sehr grob hacken und anschließend in der ausgewischten Pfanne kurz ein wenig rösten. Den Bacon ebenfalls grob hacken und mit dem Zucker zu den Haselnüssen in die Pfanne geben. Den Bacon-Haselnuss-Crumble etwa 1 Minute bei mittlerer Hitze in der Pfanne schwenken, bis sich der Zucker als leichte Karamellschicht über den Crumble gelegt hat. Den Crumble auf Backpapier auskühlen lassen.

Die Blaubeeren waschen, die Hälfte davon mit 3 Esslöffel Wasser in einen Topf geben und bei starker Hitze etwa 2 Minuten unter ständigem Rühren köcheln lassen. Den Ahornsirup und die restlichen Blaubeeren unterrühren, die Mischung vom Herd nehmen und auskühlen lassen.

Das Brot in Scheiben schneiden und kurz im Ofen bei 180 °C Ober-/Unterhitze rösten. Die Thymianblättchen von den Zweigen streifen, den Ziegenkäse in Scheiben schneiden und auf die noch warmen Crostini-Scheiben legen. Die Crostini mit Blaubeeren, Thymian und Bacon-Haselnuss-Crumble servieren.

SOMMERLICHE STULLE

Für 2 Scheiben Brot

2 Scheiben Roggenbrot

150 g Erdbeeren

Salz

50 g Ricotta

10 Basilikumblätter

1 Bio-Orange

frisch gemahlener
schwarzer Pfeffer

Diese schnell gemachte Stulle schmeckt nach Sommer, Sonne und Wochenenden im Garten. Sie ist wunderbar für einen faulen Sonntag in der Hängematte – mit einem schönen Roman und einem erfrischenden Drink aus meinem Buch.

Die Erdbeeren waschen und von den Kelchblättern befreien. Die Beeren nun zusammen mit 1 Prise Salz ganz leicht mit einer Gabel zerdrücken, am besten in einer Schale. Die Brotscheiben mit Ricotta bestreichen, mit den Erdbeeren belegen und die gewaschenen Basilikumblätter darauf verteilen. Die Schale der Bio-Orange mit einem Zestenreißer abschälen und über die Brote streuen. Die sommerlichen Stullen mit frisch gemahlenem schwarzem Pfeffer würzen und danach das fruchtige Brot sofort genießen.

RICOTTA-PANCAKES MIT SALBEI-KARAMELL UND GERÖSTETEM BUCHWEIZEN

Für ca. 20 kleinere Pancakes

FÜR DIE PANCAKES

225 g Mehl

3 EL Zucker

2 TL Backpulver

1 TL Salz

225 ml Milch

170 g Ricotta

3 Eier

fein abgeriebene Schale
von 3 Bio-Zitronen

3 EL zerlassene Butter

2 EL Öl

FÜR DAS SALBEI-KARAMELL

130 g Zucker

300 ml Milch

60 g Butter

½ Bund Salbei

½ TL Salz

FÜR DEN BUCHWEIZEN

1 EL Öl

40 g Buchweizen

ZUM SERVIEREN

100 g Schwarze Johannisbeeren

Diese Pancakes sind ein wunderbares Beispiel dafür, dass Salziges und Süßes traumhaft harmonieren. Salzige Ricotta-Pancakes, zuckrig-süßes Karamell, erdiger Salbei und fruchtig-saure Johannisbeeren sind ein wahres Dream-Team und sowohl zum Frühstück als auch zum Mittagessen absolut unwiderstehlich. Der geröstete Buchweizen sorgt für einen spannenden Knuspereffekt.

Für die Pancakes Mehl, Zucker, Backpulver und Salz in einer großen Rührschüssel gut mischen. In einer weiteren Schüssel Milch, Ricotta, Eier, abgeriebene Zitronenschale und die zerlassene Butter gut miteinander verquirlen, anschließend zur Mehlmischung geben und mit dem Mixer kurz durchrühren. Eine große beschichtete Pfanne erhitzen, etwas Öl hineingeben und bei mittlerer Hitze immer 3–4 kleine Pancakes auf einmal ausbacken. Die Pancakes wenden, wenn der Teig anfängt Bläschen zu bilden und die Unterseite goldig-braun ist. Die fertigen Pancakes warm halten, bis der Teig aufgebraucht ist.

Für das Karamell den Zucker in einer heißen Pfanne goldgelb karamellisieren lassen und mit der Milch ablöschen. Vorsicht, das spritzt ein wenig! Die Karamell-Milch gut durchrühren, bis der Zucker wieder vollständig geschmolzen ist und eine sirupartige Konsistenz hat. Zum Schluss die Butter einrühren, bis sie geschmolzen ist. Die Salbeiblätter quer in feine Streifen schneiden und zusammen mit dem Salz in das noch heiße Karamell rühren. Das Salbei-Karamell in ein sauberes Schraubglas füllen und auf Zimmertemperatur abkühlen lassen. Schmeckt wunderbar zu den Ricotta-Pancakes.

Für den gerösteten Buchweizen eine beschichtete Pfanne erhitzen und das Öl hineingeben. Den Buchweizen darin für wenige Sekunden knusprig braten, aus der Pfanne nehmen und dann auf Küchenpapier abkühlen lassen. Der knusprige Buchweizen sorgt für Spannung auf den Pancakes.

Die Johannisbeeren waschen und von den Stielen abstreifen.

Pro Teller mehrere Pancakes übereinanderschichten, etwas gerösteten Buchweizen daraufgeben, mit Salbei-Karamell beträufeln, mit ein paar Schwarzen Johannisbeeren dekorieren ... und genießen.

SALBEI-BRIOCHE MIT HIBISKUSBUTTER

Für 1 Laib Brioche

FÜR DIE BRIOCHE
(am Vortag zubereiten)

125 ml warme Vollmilch

70 g Zucker

10 g frische Hefe

4 Eier

1 ½ TL Salz

500 g Mehl

175 g zimmerwarme Butter,
plus etwas für die Form

10 Salbeiblätter

1 Eigelb

ZUM SERVIEREN

Hibiskusbutter (siehe S. 27)

Brioche zählt zu meinen liebsten Gebäcksorten. Ob ganz pur mit einer fruchtigen Marmelade, in Butter angebraten als Beilage zu einem herzhaften Gericht oder als Arme Ritter in einer Süßspeise: Brioche hat mich einfach um den Finger gewickelt. Mit Salbei aromatisiert ist sie wunderbar. Die Hibiskusbutter dazu ist unerwartet, aber absolut köstlich.

Die warme Milch in eine Schüssel geben, den Zucker hinzufügen und die Hefe hineinbröckeln. Die Mischung kurz mit dem Knethaken durchrühren. Die Eier einzeln hinzugeben, unterrühren und anschließend das Salz und Mehl dazugeben. Die Mischung durchkneten, dann die zimmerwarme Butter hinzufügen und nur noch kurz kneten. Den Teig ungefähr 2 Stunden an einem warmen Ort gehen lassen, dann über Nacht in den Kühlschrank stellen.

Am nächsten Morgen den Teig aus dem Kühlschrank nehmen, die Salbeiblätter grob hacken und unter den Teig kneten. Den Teig in eine gebutterte Kastenform geben und 3 Stunden in einem lauwarmen Backofen gehen lassen. Hierfür den Ofen auf 50 °C aufheizen, dann ausschalten und die Kastenform mit dem Teig hineinstellen. Nach 3 Stunden ist der Teig noch einmal schön aufgegangen. Das Eigelb nun mit einem Schuss Wasser verquirlen. Den Teig oben einmal längs einschneiden und mit dem Eigelb bestreichen.

Den Ofen auf 180 °C Ober-/Unterhitze vorheizen und die Brioche auf der mittleren Schiene insgesamt 40 Minuten backen. Nach etwa 10 Minuten die Brioche mit Alufolie abdecken und zugedeckt weitergaren. Die fertige Brioche aus dem Ofen holen, kurz in der Form, dann auf einem Gitter auskühlen lassen. Am besten noch lauwarm mit der Hibiskusbutter genießen.

NUSSIGES BROT MIT BIRNEN-KORIANDER-SALSA

Für 1 Laib Nussbrot

FÜR DAS NUSSBROT

125 g Sonnenblumenkerne

80 g Leinsamen

85 g Haselnusskerne und
Walnusskerne gemischt

145 g Haferflocken

2 EL Chiasamen

1 TL Cayennepfeffer

2 TL Salz

4 EL Flohsamenschalen

fein abgeriebene Schale
von 1 kleinen Bio-Zitrone

1 EL Ahornsirup

3 EL Kokosöl

FÜR DIE BIRNEN-KORIANDER-SALSA

1 feste Birne

1 kleine rote Zwiebel

1 Bio-Zitrone

1 kleine frische rote Chilischote

½ Bund Koriander

Kerne von einem halben
Granatapfel

1 EL Olivenöl

½ TL Salz

Dieses Brot ist eine Wucht. Ich kann euch gar nicht sagen, wie sehr ich es liebe. Es ist nussiger als jedes andere Brot, das ich kenne, denn es besteht hauptsächlich aus Nüssen. Zum Binden habe ich Flohsamenschalen genommen, das Brot kommt daher ganz ohne Mehl aus. Zusammen mit der fruchtig-scharfen Birnen-Koriander-Salsa ist es ein gesunder Start für ein aufregendes Menü.

Für das Brot alle trockenen Zutaten und die fein geriebene Zitronenschale miteinander vermischen. Den Ahornsirup, das flüssige Kokosöl und 345 ml Wasser ebenfalls mischen und unter die trockenen Zutaten rühren. Diese Mischung nun in eine Kastenform geben, ein wenig zusammendrücken und dann 3 Stunden bei Zimmertemperatur quellen lassen. Gegen Ende der Zeit den Backofen auf 180 °C Ober-/Unterhitze vorheizen. Das Brot auf der mittleren Schiene 30 Minuten backen, dann aus der Form holen, umdrehen und auf einem Gitter weitere 20 Minuten backen. Das Brot auskühlen lassen.

Für die Salsa die Birne waschen, halbieren, entkernen und in dünne Streifen schneiden. Diese Streifen dann in kleine Würfelchen schneiden. Die Zwiebel schälen und ebenfalls in feine Würfelchen schneiden. Die Zitrone waschen, die Schale mit einem Zestenreißer abschälen und den Saft auspressen. Die Birnen- und Zwiebelwürfel mit dem Saft und den Zesten der Zitrone mischen. Die Chilischote und den Koriander samt Stielen fein hacken und zusammen mit den Granatapfelkernen und dem Olivenöl zu der Birnenmischung geben. Die Salsa mit Salz abschmecken und dann zusammen mit dem nussigen Brot z. B. zum Aperitif servieren.

BAO-BURGER MIT BBQ PULLED PORK

Für 6 Burger

FÜR DAS PULLED PORK
(am Vortag zubereiten)

750 g Schweinenacken

Salz

Pfeffer

1 TL Cayennepfeffer

250 ml Rotwein

3 ½ EL BBQ-Sauce (siehe S. 56)

150 ml Hühnerbrühe

FÜR DIE BAO BUNS

300 g Bapao Weizenmehl

30 ml Milch

1 TL Trockenhefe

3 ½ EL Zucker

1 TL Salz

Bao sind fluffige gedämpfte Burger, die mit allerlei asiatischen Leckereien gefüllt werden können. Als ich das erste Mal in diese Wölkchenbrötchen gebissen habe, war es eine Offenbarung. Die Kombination aus diesem weichen Teig, dem saftigen BBQ Pulled Pork, würzigem Koriander, karamellisierten gesalzenen Erdnüssen und meiner Pflaumenmarmelade mit Fünf-Gewürze-Pulver (siehe S. 34) haut mich immer wieder aufs Neue um.

Das Pulled Pork am Vortag vorbereiten, denn das Fleisch muss zunächst ein paar Stunden marinieren und wird dann sehr lang geschmort.

Den Schweinenacken mit Salz, Pfeffer und Cayennepfeffer einreiben und mit dem Rotwein in einen verschließbaren Gefrierbeutel geben. Das Fleisch darin über Nacht marinieren.

Den Backofen am nächsten Morgen auf 120 °C Umluft vorheizen. Das Fleisch aus der Marinade nehmen und mit 1 ½ Esslöffeln BBQ-Sauce einreiben. Das Fleisch in einen Bräter geben, die Brühe angießen und den Deckel auflegen. Im Ofen ungefähr 9–10 Stunden garen, zwischendurch immer mal wieder mit dem Sud übergießen. Dann das Fleisch vorsichtig aus dem Bräter nehmen (Vorsicht, es fällt vom Knochen!) und auf ein Schneidbrett legen. Das Fleisch mithilfe einer Gabel vom Knochen ziehen und zerrupfen. Dann mit der Hälfte des Schmorsuds und den restlichen 2 Esslöffeln BBQ-Sauce vermischen.

Für die Bao Buns alle Zutaten zusammen mit 120 ml Wasser in eine Rührschüssel geben und 5–6 Minuten kneten. Erst dann die Konsistenz des Teigs beurteilen: Am Anfang wirkt er leicht zu trocken, das gibt sich aber mit dem Kneten. Nach dem Kneten darf der Teig nicht mehr kleben und sollte sich zu einer glänzenden, weichen Kugel formen lassen. Wenn die Konsistenz nicht stimmt, entweder 1 Esslöffel Mehl oder 1 Esslöffel Wasser dazugeben, je nach Bedarf. Die Schüssel mit einem feuchten Tuch abdecken und den Teig an einem warmen Ort 1 ½ Stunden gehen lassen.

Weiter geht's auf der nächsten Seite.

FÜR DIE FÜLLUNG

1 Bund Koriander

1 Handvoll Zuckerschoten

1 frische Chilischote

100 g Erdnüsse

2 EL Zucker

6 EL Fünf-Gewürze-Pflaumen-
Marmelade
(siehe S. 34)

3 EL gemischte Sprossen

AUSSERDEM

Bambus-Dampfkorb

Wok

Den Teig anschließend aus der Schüssel nehmen, auf einer Arbeitsplatte kneten (ohne weiteres Mehl!) und zu einer Rolle formen. Die Rolle in 6 gleich große Teile teilen, zu Kugeln formen und 20 Minuten gehen lassen. In der Zwischenzeit zwölf Stücke Backpapier à 10 x 10 cm zuschneiden. Die Teigkugeln zu einem abgerundeten Rechteck (8 x 17 cm) ausrollen. Einen Bambus-Dampfkorb mit sechs Stücken Backpapier auslegen. Die Rechtecke jeweils zu einem Brötchen zusammenklappen, zwischen die beiden Schichten je ein Stück Backpapier legen. Die 6 Bao Buns auf das Backpapier in dem Bambuskorb legen, mit einem Tuch abdecken und 1 Stunde gehen lassen. Ein wenig Wasser in einen Wok geben, den Bambus-Dampfkorb hineinstellen, den Deckel aufsetzen und die Bao Buns bei mittlerer Hitze 12 Minuten dämpfen, bis sie fluffig sind.

Währenddessen den Koriander waschen und grob zerzupfen. Die Zuckerschoten in feine Streifen, die Chili in Ringe schneiden. Die Erdnüsse grob hacken, 2 Esslöffel Zucker in einer Pfanne karamellisieren und die Erdnüsse unterrühren. Die karamellisierten Erdnüsse kurz auf einem Backpapier auskühlen lassen.

Die fertigen Bao Buns aus dem Bambuskorb nehmen und abkühlen lassen. Aufklappen und mit je 1 Löffel Pflaumenmarmelade bestreichen. Ein wenig Pulled Pork daraufgeben, dann mit dem vorbereiteten Gemüse, dem Koriander, den Sprossen und den Erdnüssen großzügig belegen und sofort servieren.

FALAFEL IM CURRY-WRAP

Für 2 Personen (8 kleinere Wraps)

FÜR DIE CURRY-WRAPS

150 g Bapao-Weizenmehl

je 2 TL Currypulver und Salz

1 TL Kurkuma

etwas Olivenöl

FÜR DIE FÜLLUNG

200 g Kichererbsen, gekocht

je 1 Bund Petersilie und Koriander

2 Knoblauchzehen

1 ½ TL Salz

1 TL Kreuzkümmel

½ TL Cayennepfeffer

fein abgeriebene Schale
von 1 Bio-Zitrone

2 EL Mehl

1 Messerspitze Backpulver

Rapsöl zum Ausbacken

1 große Frühlingszwiebel

8 EL Minzpesto (siehe S. 49)

2 EL Granatapfelkerne

1 Handvoll Minzblätter

2 EL geröstete, gesalzene
Cashewkerne

4 EL Beeren-Pfeffer-Honig
(siehe S. 42)

Wraps könnte ich täglich essen, denn man kann sie ganz unterschiedlich füllen. Diese hier mit kleinen würzigen Falafeln, Minzpesto und rauchigem Beeren-Pfeffer-Honig sind besonders aromatisch. Für mich sind sie wunderhübsch verpacktes Soulfood und ich bin ganz süchtig nach ihnen.

Für die Curry-Wraps die Zutaten zusammen mit 90 ml warmem Wasser in eine Rührschüssel geben und mit dem Knethaken etwa 5 Minuten kneten, bis der Teig geschmeidig ist. Er sollte sich zu einer glatten Kugel formen lassen und darf nicht kleben. Den Teig zu einer Rolle mit 4 cm Durchmesser formen und in 8 kleine Stücke teilen. Die Stücke zu kleinen Kugeln formen, flach drücken, mit ein wenig Öl bestreichen und mit einem Nudelholz zu 1 mm dünnen Fladen ausrollen. Die Wraps in einer heißen Pfanne ohne Öl von beiden Seiten wenige Sekunden backen und dann auf einem Gitter auskühlen lassen.

Für die kleinen Falafeln Kichererbsen, Petersilie, Koriander, Knoblauch, Salz, Kreuzkümmel, Cayennepfeffer und fein angeriebene Zitronenschale in einen Mixer geben und kurz durchmixen. Die Masse sollte nicht zu fein sein und kann ruhig noch ein paar Stückchen enthalten. Nun Mehl und Backpulver unterrühren und 20 etwa walnussgroße Bällchen formen. In einen kleinen Topf 5 cm hoch Rapsöl einfüllen und erhitzen. Die Bällchen darin portionsweise 4–5 Minuten ausbacken, dabei mehrmals wenden. Die fertigen Falafeln im Ofen warm halten.

Um die Wraps zusammenzubinden, kann man ein dickes Blatt vom grünen Teil der Frühlingszwiebel halbieren und dann in schmale Streifen schneiden. Diese Streifen kurz in kochendes Wasser geben und nach einer halben Minute in Eiswasser abschrecken.

Die Curry-Wraps mit dem Pesto bestreichen, mit Falafeln, Granatapfelkernen, Minze und Cashewkernen belegen. Den Beeren-Pfeffer-Honig darüberträufeln und die Wraps mit den Streifen von der Frühlingszwiebel zusammenbinden. Das erfordert ein wenig Fingerspitzengefühl – ich kann verstehen, wenn man diesen Schritt weglässt und lieber sofort in die köstlichen Wraps beißt.

WAFFEL-SANDWICHES MIT KNUSPRIGEM HÄHNCHEN UND ANANAS-SALSA

Für 3–4 Sandwiches, je nach
Größe des Waffeleisens

FÜR DIE WAFFELN

275 g Mehl

55 g brauner Zucker

3 TL Weinsteinbackpulver

2 TL Salz

2 TL grob gemahlener Pfeffer

3 große Eier, verquirlt

75 g Butter, zerlassen, plus
etwas mehr zum Einfetten

470 ml Milch

100 g Cheddarkäse, gerieben

FÜR DIE SALSA

200 g Ananas-Fruchtfleisch

1 frische Chilischote

1 rote Zwiebel

fein abgeriebene Schale
von 1 Bio-Zitrone

Saft von ½ Zitrone

2 kleine Tomaten

1 Bund Koriander

½ TL Salz

Waffeln als Sandwich? Aber klar! Als ich sie das erste Mal aß, war ich sofort begeistert. Ein Traum von herzhafter Füllung und süßer Waffel, kräftig mit Cheddar und Pfeffer gewürzt – welch grandiose Idee! Eine umwerfende Ananas-Koriander-Salsa habe ich das erste Mal zu einem köstlichen Flank Steak mit Kreuzkümmel bei meiner Schwägerin gegessen. Die Kombination fand ich so wunderbar, dass ich sie auf meine eigene Art für dieses Buch umsetzen wollte.

Für die Waffeln die trockenen Zutaten in einer Schüssel vermischen. Die verquirlten Eier, die zerlassene Butter und die Milch dazugeben und mit einem Teigschaber unterheben. Der Teig darf ruhig noch ein paar kleinere Klümpchen haben. Den geriebenen Cheddar hinzugeben und kurz unterrühren. Ein eckiges Waffeleisen erhitzen, mit ein wenig Butter einfetten und die Waffeln portionsweise backen.

Während man die Waffeln backt, kann man die Salsa vorbereiten. Hierfür die Ananas in kleine Würfelchen schneiden und in eine Schüssel geben. Die Chilischote fein hacken, die Zwiebel schälen und fein würfeln. Beides mit der Zitronenschale und dem Zitronensaft zur Ananas geben. Die Tomaten halbieren, entkernen und in feine Würfel schneiden. Den Koriander samt Stielen fein hacken und zusammen mit den Tomatenwürfeln zur Ananas geben. Die Salsa mit Salz abschmecken und ein wenig ziehen lassen.

Weiter geht's auf der nächsten Seite.

FÜR DAS HÄHNCHEN

250 g Hähnchenbrust

1 TL Kreuzkümmel

1 TL Cayennepfeffer

½ TL Salz

100 g Pankokrumen (alternativ Semmelbrösel)

1 Ei, leicht verquirlt

50 g Mehl

Rapsöl zum Ausbacken

ZUM SERVIEREN

4 EL Ahornsirup

Romanasalat

Nun das Hähnchen vorbereiten. Das Fleisch in feine Scheiben schneiden und mit Kreuzkümmel, Cayennepfeffer und Salz würzen. Die Pankokrumen in eine größere Auflaufform geben und mit ein wenig Wasser besprenkeln. Das Ei und das Mehl jeweils in eine Schale geben. Die gewürzten Hähnchenscheiben zuerst im Mehl wenden, dann durch das Ei ziehen und anschließend in den Pankokrumen wenden. In einen Topf mehrere Zentimeter hoch Rapsöl einfüllen und erhitzen. Die panierten Hähnchenstückchen in dem heißen Öl goldgelb ausbacken, dabei mehrmals wenden. Das Hähnchen auf einem Küchenkrepp abtropfen lassen und anschließend im Ofen warm halten.

Die gebackenen Waffeln nacheinander in einer heißen Pfanne mit dem Ahornsirup leicht karamellisieren. Anschließend die Waffeln schräg halbieren und mit dem Hähnchen, der Ananas-Koriander-Salsa und ein wenig Romanasalat belegen. Mit einem weiteren Waffelstück abdecken.

Die Waffeln warm und knusprig genießen.

PINKE WRAPS MIT KNUSPRIG-SCHARFEN GARNELEN

Für 2 Personen

FÜR DIE KÜRBISWÜRFEL

200 g Hokkaido-Kürbis

1 EL Zucker

1 TL Salz

2 EL Olivenöl

1 TL Zimt

FÜR DIE LINSEN

100 g Belugalinsen

1 EL Olivenöl

½ TL Salz

FÜR DIE WRAPS

20 g Rote-Bete-Pulver

110 g Mehl

1 TL Salz

1 EL Olivenöl

Dieser Wrap hat es in sich. Er ist im wahrsten Sinne ein Aromenfeuerwerk. Von allem ist etwas dabei: salzige, süße, saure, herzhafte, würzige, fruchtige, weiche und knusprige Elemente. Jeder Bissen ist anders – aufregend und zugleich Soulfood pur. Ich konnte nicht genug davon bekommen. Bei dieser Geschmacksexplosion kommt auch meine Honig-Mango-Creme (siehe S. 45) zum Einsatz.

Den Kürbis in kleine Würfel von 2 x 2 cm Größe schneiden. In einer Schüssel mit Zucker, Salz und Öl mischen. Die Kürbiswürfel in eine mit Backpapier ausgelegte Form geben und im Ofen auf der mittleren Schiene etwa 25 Minuten rösten. Anschließend mit dem Zimt mischen und warm halten.

Parallel die Linsen mit der doppelten Menge Wasser ohne Salz bei mittlerer Hitze 25 Minuten bissfest kochen. Das Wasser sollte sieden und zu keinem Zeitpunkt kochen. Die Linsen in einem Sieb abtropfen lassen und anschließend mit dem Öl und dem Salz würzen.

Für die Wraps das Rote-Bete-Pulver in 95 ml warmen Wasser auflösen und zusammen mit dem Mehl und dem Salz mehrere Minuten lang zu einem glatten glänzenden Teig kneten. Den Teig zu einer Rolle formen und in 6 Stücke teilen. Die Stücke zu kleinen Kugeln formen, flach drücken, mit ein wenig Öl bestreichen und mit einem Nudelholz zu etwa 1 mm dünnen Fladen ausrollen. Diese Fladen in einer Pfanne ohne weiteres Öl bei mittlerer Hitze von beiden Seiten wenige Sekunden backen.

Weiter geht's auf der nächsten Seite.

FÜR DIE GARNELEN

180 g Garnelen ohne Schale

50 g Mehl

2 EL Cayennepfeffer

1 TL Salz

1 Ei, leicht verquirlt

80 g Polenta

4 EL Rapsöl

FÜR DEN SALAT

1 Avocado

1 Handvoll Grünkohl

1 EL Olivenöl

½ TL Salz

100 g gemischte Nüsse (Cashews, Mandeln, Walnüsse, Erdnüsse, Pinienkerne)

3 EL Granatapfelkerne

1 Bund glatte Petersilie, grob gehackt

2 EL Kokosflocken

Honig-Mango-Creme (siehe S. 45)

Die Garnelen waschen, trocken tupfen und zusammen mit dem Mehl in eine Schüssel geben. Mit Cayennepfeffer und Salz würzen und in Mehl wenden, bis alle Stellen bedeckt sind. Eine Schale mit dem verquirlten Ei und eine Schale mit Polenta vorbereiten. Die Garnelen nun zuerst in das Ei tunken, dann in der Polenta wälzen. Das Rapsöl in eine heiße Pfanne geben und die panierten Garnelen darin von beiden Seiten knusprig und goldgelb braten. Die Garnelen warm halten.

Die Avocado halbieren, das Fruchtfleisch mit einem Löffel herauslösen und in feine Scheiben schneiden. Den Grünkohl waschen, vom Strunk befreien, in mundgerechte Stücke zupfen und mit ein wenig Olivenöl und einem halben Teelöffel Salz massieren, damit er weicher wird.

Die pinken Wraps nun nach Herzenslust mit allen vorbereiteten Leckereien belegen, mit Nüssen, Granatapfelkernen, Petersilie und Kokosflocken bestreuen, mit Honig-Mango-Creme beträufeln, zusammenrollen und reinbeißen.

BURGER MIT KNUSPERFISCH

Für 6 Burger

FÜR DIE BURGERBRÖTCHEN

300 g Bapao-Weizenmehl

30 ml Milch

6 g Sepiatinte

1 TL Trockenhefe

3 ½ EL Zucker

1 TL Salz

1 EL Sesamkörner

FÜR DIE BANG-BANG-SAUCE

1 Bund Koriander

1 rote Chili

1 Knoblauchzehe

fein abgeriebene Schale
von 1 Bio-Zitrone

1 EL Fischsauce

2 EL Sojasauce

2 EL Sesamöl

Diese schwarzen Burgerbrötchen werden auf die gleiche Weise hergestellt wie die Bao Buns von Seite 128. Ich muss gestehen, dass ich mit meinen selbst gebackenen Burgerbrötchen bisher nie hundertprozentig zufrieden war. Sie waren trotz Briocheteig meist recht kompakt. Diese gedämpfte Variante des Hefeteigs übertrifft aber alle meine Erwartungen. Die Burgerbrötchen sind fluffig und perfekt für viel Sauce. Ich kann sie mir allerdings nur für asiatisch inspirierte Burger vorstellen. Für die klassische Variante ziehe ich eine Art Milchbrötchen vor.

Für die Burgerbrötchen alle Zutaten bis auf die Sesamkörner in eine Rührschüssel geben, 115 g Wasser hinzufügen und 5–6 Minuten kneten. Erst dann die Konsistenz des Teigs beurteilen: Am Anfang wirkt er leicht zu trocken, das gibt sich aber mit dem Kneten. Nach dem Kneten darf der Teig nicht mehr kleben und sollte sich zu einer glänzenden weichen Kugel formen lassen. Wenn die Konsistenz nicht stimmt, entweder 1 Esslöffel Mehl oder 1 Esslöffel Wasser dazugeben, je nach Bedarf. Die Schüssel mit einem feuchten Tuch abdecken und den Teig an einem warmen Ort 1 ½ Stunden gehen lassen.

Den Teig anschließend aus der Schüssel nehmen, auf einer glatten Arbeitsplatte kneten (ohne weiteres Mehl!) und zu einer Rolle formen. Der Teig sollte nicht kleben. Die Rolle in 6 gleich große Teile teilen, zu Kugeln formen und 30 Minuten ruhen lassen. In der Zwischenzeit 6 Stücke Backpapier à 10 x 10 cm zuschneiden. Einen Bambus-Dampfkorb mit den Backpapierzuschnitten auslegen. Die Brötchen jeweils auf das Backpapier in dem Bambuskorb legen, mit einem Tuch abdecken und 30 Minuten gehen lassen. Die Finger ein wenig mit Wasser befeuchten, eine kleine Stelle oben auf den Brötchen-Rohlingen befeuchten und mit ein paar Sesamkörnern bestreuen. Ein wenig Wasser in einen Wok geben, den Bambus-Dampfkorb hineinstellen, den Deckel aufsetzen und die schwarzen Burgerbrötchen bei mittlerer Hitze 12 Minuten dämpfen, bis sie schön fluffig sind. Danach abkühlen lassen.

In der Zwischenzeit die Bang-Bang-Sauce zubereiten. Hierfür den Koriander samt Stielen fein hacken, die Chili und den Knoblauch ebenfalls fein hacken und alles mit der Zitronenschale, der Fischsauce, der Sojasauce und dem Sesamöl vermengen. Die Sauce ein wenig ziehen lassen. Im Kühlschrank hält sie sich mehrere Tage.

Weiter geht's auf der nächsten Seite.

FÜR DEN KNUSPRIGEN FISCH

250 g Fischfilet (weiß und fest,
z. B. Kabeljau)

½ TL Salz

½ TL Pfeffer

100 g Pankokrumen
(alternativ Semmelbrösel)

1 Ei, leicht verquirlt

50 g Mehl

Rapsöl zu Ausbacken

FÜR DIE SALATFÜLLUNG

½ frische Mango

1 Handvoll Rucola

Rote-Zwiebel-Marmelade
(siehe S. 53)

AUSSERDEM

Bambus-Dampfkorb

Wok

Das Fischfilet in feine Scheiben schneiden und mit Salz und Pfeffer würzen. Die Pankokrumen in eine größere Auflaufform geben und mit ein wenig Wasser besprenkeln. Das Ei und das Mehl jeweils in eine Schale geben. Die gewürzten Fischscheiben zuerst im Mehl wenden, dann durch das Ei ziehen und anschließend in den Pankokrumen wenden. In einen Topf 5 cm hoch Rapsöl einfüllen und erhitzen. Die panierten Fischstückchen in dem heißen Öl goldgelb ausbacken, dabei mehrmals wenden. Den knusprigen Fisch auf einem Küchenkrepp abtropfen lassen und anschließend im Ofen warm halten.

Die Mango von der Schale befreien und in dünne Scheiben schneiden. Die fluffigen Burgerbrötchen vorsichtig aufschneiden, mit der Bang-Bang-Sauce beträufeln und mit dem knusprigen Fisch, Rucola, der Zwiebelmarmelade und den Mangoscheiben belegen.

EISIGES NASCHWERK

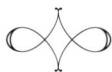

Ein ganzes Kapitel voll mit köstlichen und eiskalten Naschereien, die in den warmen Sommermonaten für Abkühlung sorgen. Popsicles mit Tee, Blüten, Kräutern und Beeren, leckerste Eiscreme mit spannenden Zutaten wie Malzbierkaramell und Meersalz oder auch Nicecream, die nette und gesündere Schwester der Eiscreme, lassen die Herzen von Schlecker-mäulern ganz bestimmt höherschlagen.

ACAI BOWL

Für 1 große Portion

200 g gefrorene Bananenscheiben

200 g gefrorene Brombeeren

200 ml Joghurt

2 EL Acaipulver

1 Handvoll gemischte Beeren

ein paar Kirschen

2 EL Kokosflocken

1 TL Chiasamen

AUSSERDEM

Hochleistungsmixer

Eisiges Frühstücksglück! Wer träumt nicht davon, ganz ohne schlechtes Gewissen ein leckeres Eis zum Frühstück zu essen? Mit diesem Acai Bowl gelingt das garantiert. Die Cremigkeit entsteht durch gefrorene Früchte. Das Acaipulver, gewonnen aus einer Beere, die im Amazonasgebiet heimisch ist, kurbelt den Stoffwechsel an und enthält Dutzende Antioxidantien. Für das restliche Glück sorgen eine Handvoll gemischtes Lieblingsobst und ein wenig Knusperkram.

Die gefrorenen Bananenscheiben und die Brombeeren zusammen mit dem Joghurt und dem Acaipulver in einen Hochleistungsmixer geben und so lange mixen, bis eine cremig-eisige Masse entsteht. Das eisige Frühstücksglück nun noch mit den Beeren und Kirschen belegen und Kokosflocken und Chiasamen darüberstreuen. Schnell löffeln und sein Glück kaum fassen können: gesundes Eis zum Frühstück!

Man kann diesen Acai Bowl natürlich auch mit anderen Früchten zubereiten. Anstatt der gefrorenen Brombeeren passen z. B. auch Himbeeren, Blaubeeren, Kirschen oder Erdbeeren.

TIPP | Mein Granola vom Pfirsich-Parfait (siehe S. 175) sorgt für einen wunderbaren Knuspereffekt.

MANDELMILCH-EIS

Für ca. 600 ml Eiscreme

FÜR DIE EISCREME
(am Vortag vorbereiten)

4 Eigelbe

90 g Zucker

360 ml Mandelmilch

Salz

1 EL Maisstärke

1 ½ TL Whisky

200 g Kondensmilch

2 Pfirsiche

FÜR DAS SALZIGE KARAMELL-FUDGE

2 EL Butter

125 g Zucker

100 g Zuckerrübensirup

100 g Kondensmilch

¼ TL grobes Meersalz

AUSSERDEM

Eismaschine

Diese Eiscreme ist einfach unglaublich cremig. Die gegrillten Pfirsiche und das salzige Karamell-Fudge lassen sie zu einer meiner liebsten Eissorten werden. Der Whisky sorgt für zusätzliche Spannung. Eis und Fudge müssen längere Zeit gekühlt werden – wenn ihr das meiste schon am Vortag vorbereitet, braucht ihr am nächsten Tag nur noch wenige Handgriffe, bis ihr das köstliche Mandelmilch-Eis genießen könnt.

Die Eigelbe mit dem Zucker einige Minuten schaumig aufschlagen, bis die Mischung hellgelb wird. Die Mandelmilch mit 1 Prise Salz erwärmen und vorsichtig zur Eigelbmischung gießen, dabei ständig rühren. Die Maisstärke in etwas Wasser auflösen und mit dem Whisky zu der Mischung geben. Alles kurz mit dem Handrührgerät mixen und dann in einen Topf geben. Die Mischung mehrere Minuten langsam erwärmen, bis sie anfängt, zu dampfen und fest zu werden. Sie sollte allerdings 70 °C nicht übersteigen, sonst gerinnt die Creme. Zur Seite stellen und ein wenig abkühlen lassen. Anschließend die Kondensmilch unterrühren und die Eisbasis am besten über Nacht in den Kühlschrank stellen.

Für das Karamell-Fudge Butter, Zucker, Zuckerrübensirup und Kondensmilch in einen Topf geben und erhitzen, bis der Zucker geschmolzen ist. Die Hälfte des Meersalzes fein mörsern und unter das Fudge rühren. Die Mischung in eine mit Backpapier ausgelegte Form (ca. 10 x 20 cm) gießen, mit dem restlichen groben Meersalz bestreuen und im Kühlschrank fest werden lassen. Das dauert mehrere Stunden.

Am nächsten Tag die Eisbasis zum Gefrieren in die Eismaschine geben. Währenddessen die Pfirsiche waschen, vierteln, entsteinen und in einer heißen Grillpfanne grillen, bis schöne Grillstreifen entstehen. Die Pfirsiche anschließend abkühlen lassen.

Das Karamell-Fudge in Stückchen schneiden. Zusammen mit den Pfirsichen unter die fertige Eiscreme rühren. Das Eis in einen Behälter füllen und 1 weitere Stunde im Gefrierschrank fest werden lassen.

TIPP | Das Karamell-Fudge ist so lecker, dass ich immer die doppelte Menge zubereite und den Rest nachmittags zum Kaffee nasche.

ZITRONEN-GRANITA

Für ca. 350 ml Granita

3 große Bio-Zitronen

130 g Zucker

6 Blätter Zitronenmelisse

1 ½ EL Gin

Granita ist unheimlich erfrischend und eine tolle Alternative zu Eiscreme, Popsicles & Co. Man kann sie ohne Eismaschine herstellen und braucht dazu nur wenige Zutaten: ein wenig frisch gepressten Saft von der Frucht, aus der man die Granita herstellen möchte, und Zucker. Meine Variante mit Zitrone, Gin und Zitronenmelisse ist toll als Erfrischung für heiße Sommernachmittage oder auch als leichtes Zwischengericht in einem Menü.

Die Zitronen waschen und die Schale mit einem Sparschäler abschälen. Die Zitronen auspressen. Schale, Saft (ca. 85 ml), Zucker und 45 ml Wasser in einen Topf geben. Diese Mischung 5–6 Minuten köcheln lassen, bis ungefähr 180 ml Sirup entstanden sind. In der Zwischenzeit die Zitronenmelisse waschen und fein hacken. Den Sirup mit 180 ml Wasser und dem Gin mischen, die gehackte Zitronenmelisse hinzugeben. Die Mischung in eine gefrierfeste Schale füllen, abkühlen lassen und im Gefrierschrank mindestens 4–5 Stunden gefrieren. Einmal pro Stunde mit einer Gabel durchrühren und die Eiskristalle vermengen. Wer die Mischung feiner möchte, kann sie zum Gefrieren auch in eine Eismaschine geben. Die Granita kann man auch gut mit Sekt oder Gin aufgießen.

MATCHA NICECREAM

Für 1 Person

FÜR DIE NICECREAM
(am Vortag vorbereiten)

200 g gefrorene Bananenscheiben
(von 2–3 Bananen)

50 ml Mandelmilch

2 TL Matchapulver

1 EL grob gehackte Pfefferminze

FÜR DAS TOPPING

20 g Buchweizen

1 TL Ahornsirup

AUSSERDEM

Hochleistungsmixer

Nicecream – Eiscreme ganz ohne Reue. Diese eisige Leckerei ist die nette Schwester der Eiscreme. Sie besteht aus gefrorenen Bananen und Mandelmilch ... man könnte sie sogar gesund nennen. Wenn das mal kein Grund ist, öfter Nicecream zu essen. Ein weiterer Bonus: Sie ist superfix gemacht. Ich habe es mir angewöhnt, immer ein paar Bananen in Scheiben geschnitten einzufrieren. So kann ich ganz schnell eine Nicecream zaubern. Genau wie die Acai Bowl eignet sich die Nicecream auch wunderbar als eiskaltes Frühstück im Sommer.

Am Vortag mehrere Bananen in Scheiben schneiden und einfrieren. Ich lege sie meist zum Einfrieren nebeneinander auf Backpapier, gebe sie, wenn sie gefroren sind, in einen Gefrierbeutel und bewahre sie so im Gefrierschrank auf.

Für das Topping den Buchweizen kurz in einer Pfanne rösten und anschließend mit dem Ahornsirup verrühren.

Für die Nicecream die gefrorenen Bananenscheiben zusammen mit der Mandelmilch, dem Matchapulver und der Pfefferminze in einen Hochleistungsmixer geben und so lange mixen, bis eine Eiscreme entsteht ist. Die Eiscreme mit dem knusprigen Buchweizen bestreuen und sofort verzehren – friert man sie ein, wird sie relativ hart.

ZIEGENKÄSE-EIS

Für ca. 1 l Eiscreme

✧

440 g Sahne

220 g Vollmilch

160 g Honig, plus etwas mehr
zum Garnieren

125 g Ziegenfrischkäse

4 EL Bourbon

200 g Kirschen

1 EL Zucker

2 EL Thymianblättchen, plus
etwas mehr zum Garnieren

AUSSERDEM

Eismaschine

Dies ist für mich das mit Abstand leckerste Eis, das ich je gemacht habe. Auf den ersten Blick mögen einige von euch unsicher sein. Aber probiert es bitte aus. Es schmeckt nur ganz leicht nach Ziegenkäse und vor allem nach geeister Honigmilch mit gerösteten Kirschen, Thymian und einem Schuss Bourbon. Es ist einfach eine Wucht und ich würde mich riesig freuen, wenn ihr es auch mögt.

Für das Eis die Sahne zusammen mit der Milch und dem Honig erwärmen, bis die Mischung dampft und alles miteinander verbunden ist. Dann den Ziegenfrischkäse hinzugeben und unterrühren. Die Mischung ein wenig abkühlen lassen, den Bourbon dazugeben und die Masse im Kühlschrank mehrere Stunden kalt werden lassen.

In der Zwischenzeit den Ofen auf 200 °C Ober-/Unterhitze vorheizen, die Kirschen waschen, entsteinen und mit dem Zucker und 1 Esslöffel Bourbon in eine Auflaufform geben. Die Kirschen ungefähr 15 Minuten im Ofen rösten. Anschließend ein wenig auskühlen lassen, dann sehr grob hacken und 2 Esslöffel Bourbon und die Thymianblättchen dazugeben. Die Kirschen nun vollständig abkühlen lassen.

Die Eismasse in einer Eismaschine gefrieren und erst dann die gerösteten Kirschen unterheben. Das Eis in eine schöne Metallform geben, mit ein wenig Honig und Thymian dekorieren und noch mal einige Stunden in den Gefrierschrank stellen, damit es fester wird. Das Eis ist wirklich sehr, sehr lecker und ich werde schnellstmöglich wieder einen Vorrat davon anlegen.

JOGHURT-POPSICLES MIT FRÜCHTEN UND BASILIKUM

Für ca. 5 Popsicles

25 g Puderzucker

150 g griechischer Joghurt

Salz

30 g Blaubeeren

60 g Aprikosen

7–8 große Basilikumblätter, zerpflückt(oder 2 EL Mini-Basilikum-Blätter)

AUSSERDEM

Popsicle-Formen

Holzstiele

Als mir die Idee zu diesen Popsicles kam, hatte ich sofort eine Frühstücksszene im Kopf. Irgendwie gefiel mir die Vorstellung, den Frühstücksjoghurt einfach zu gefrieren und als Eis am Stiel noch im Bett zu naschen. Zusammen mit einem spannenden Buch und jeder Menge freien Zeit. So einfach und so gut. Und für ein spätes Frühstück an einem heißen Tag genau das Richtige.

Den Puderzucker in den Joghurt sieben, 1 Prise Salz hinzufügen und mit dem Stabmixer kurz durchmixen. Die Blaubeeren und Aprikosen waschen. Die Aprikosen halbieren und die Hälften in jeweils 6 Scheibchen schneiden. Den Joghurt in die Eisformen füllen, die Blaubeeren, Aprikosen und den Basilikum hineindrücken und jeweils einen Holzstiel hineinstecken. Die Popsicles mindestens 5 Stunden gefrieren, besser über Nacht. Am nächsten Tag aufwachen und den eisigen Frühstücksjoghurt noch im Bett genießen.

KÜRBISEIS MIT MALZBIER-KARAMELL UND MEERSALZ

Für ca. 800 ml Eis

FÜR DAS KÜRBISEIS

500 g Hokkaido-Kürbis

80 g Zucker

2 große Eigelbe

Salz

240 ml Vollmilch

140 g Sahne

FÜR DAS KARAMELL

200 g Zucker

150 ml Malzbier

150 g Sahne

½ TL geräuchertes Meersalz
(Smoked Sea Salt)

50 g Butter

AUSSERDEM

Eismaschine

Küchenthermometer

Die Basis für dieses Kürbiseis habe ich bei meinem ersten Auftrag als Privatköchin serviert. Seitdem liebe ich dieses Eis. Das Malzbier-Karamell dazu ist ein Knüller und hätte meinen Gästen damals sicher auch geschmeckt. Das geräucherte Meersalz ist ein wenig gewagt, aber in der Kombination einfach toll.

Den Kürbis waschen, die Kerne entfernen. Dann den Kürbis in kleinere Stücke schneiden und weich dämpfen. So behält der Kürbis seinen intensiven Geschmack. Die gegarten Kürbiswürfel mit einem Stabmixer fein pürieren.

Für das Eis den Zucker mit den Eigelben und 1 Prise Salz so lange mit dem Rührgerät verquirlen, bis die Mischung hellgelb wird. Währenddessen die Milch mit der Sahne in einen Topf geben, langsam erwärmen und dann vorsichtig zur Ei-Mischung gießen. Dabei weiterrühren, bis sich alles zu einer Creme verbunden hat. Die Creme in einen Topf geben und bei mittlerer Hitze unter ständigem Rühren 8–10 Minuten erhitzen, bis sie 70–75 °C warm ist. Die Creme nicht heißer werden lassen, sonst gerinnt sie. Vom Herd nehmen, abkühlen lassen und dann das Kürbispüree unterrühren. Diese Mischung im Kühlschrank 1 Stunde lang abkühlen lassen, bis sie vollkommen erkaltet ist. Anschließend zum Gefrieren in eine Eismaschine geben.

In der Zwischenzeit das Malzbier-Karamell zubereiten. Dafür den Zucker ohne zu rühren in einem Topf karamellisieren lassen und mit dem Malzbier ablöschen. Vorsicht, es spritzt und schäumt! Anschließend die Sahne dazugeben und rühren, bis sich der Zucker vollständig gelöst hat. Die Mischung leicht reduzieren, dann zuerst die Hälfte des Meersalzes und danach die Butter einrühren, bis sie geschmolzen ist. Das fertige Karamell abkühlen lassen.

Das gefrorene Eis in einen Behälter geben, drei Viertel des Karamells unterziehen und das Eis 1 Stunde in den Gefrierschrank stellen.

Zum Servieren das Eis mit weiterem Karamell beträufeln und mit dem restlichen geräucherten Meersalz bestreuen.

BROMBEER-ACAI-EIS

Für 1 Person

✧

185 g Brombeeren, gefroren

50 ml Mandelmilch

1 EL Acaipulver

AUSSERDEM

Hochleistungsmixer

Für lila-pinkes Eis, das auch noch so schnell zubereitet ist, habe ich immer eine Schwäche. Normalerweise bin ich eher der nussig-karamellige Eistyp, doch für dieses leckere und auch gesunde Eis bin ich immer zu haben, denn gerade Brombeeren sind als Eis sehr köstlich. Das Tolle an diesem Eis ist, dass man es beliebig abwandeln kann. Schaut einfach mal in euren Gefrierschrank. Vielleicht schlummern da noch Beeren vom letzten Sommer oder ihr habt gerade welche geerntet und wisst nicht, wohin damit? Dann friert sie schnell ein und macht euch dieses Eis innerhalb weniger Minuten immer frisch. Perfekt auch für ein spontanes Grillen mit Freunden im Garten.

Die gefrorenen Brombeeren zusammen mit der Mandelmilch und dem Acaipulver in einen Hochleistungsmixer geben und so lange mixen, bis ein cremiges Eis entsteht. Dieses Eis ist nur für den direkten Verzehr geeignet, im Gefrierschrank wird es zu hart. Aber da es so schnell geht, kann man bei Bedarf immer für Nachschub sorgen.

TIPP | Probiert doch mal eine Variante mit Erdbeeren und Kokosmilch oder eine Variante mit Pfirsich, die ihr dann mit frischen Johannisbeeren und Granola verfeinert.

HIBISKUS-POPSICLES

Für ca. 6 Popsicles

10 g frischer Ingwer

25 g getrocknete Hibiskusblüten

100 g Zucker

50 g Wassermelone

AUSSERDEM

Popsicle-Formen

Holzstiele

Hibiskus in Form von fruchtig-süßem Wassereis ist eine köstliche Abkühlung an einem heißen Sommertag, an dem man stundenlang im Halbschatten eines Baumes gelegen hat. Aber natürlich sind diese Popsicles auch im Herbst, Frühling und Winter extrem lecker.

Den Ingwer schälen und in Scheiben schneiden. Die getrockneten Hibiskusblüten, Ingwer und Zucker mit 500 ml kochendem Wasser überbrühen und ziehen lassen, bis dieser Tee Zimmertemperatur erreicht hat. Den Tee anschließend durch ein Sieb gießen.

Die Melone in schmale, kleine Stücke schneiden, sodass sie gut in die Popsicle-Formen passen. Die Melonenstücke auf die Formen verteilen und den kalten Tee angießen. Die Popsicles über Nacht gefrieren, danach kurz antauen lassen und dann ... dieses fruchtig-süße Wassereis genüsslich verputzen.

ERDBEER-KOKOS-POPSICLES MIT MINZE UND PFEFFRIGEM GRANOLA

Für ca. 6 Popsicles

FÜR DAS PFEFFRIGE GRANOLA

30 g Cashewkerne

10 g Chiasamen

10 g Haferflocken

30 g Zucker

Salz

grob gemahlener schwarzer Pfeffer

FÜR DIE POPSICLES

25 g Puderzucker

200 g Kokosmilch

6 Erdbeeren

12 kleine Blättchen Minze

AUSSERDEM

Popsicle-Formen

Holzstiele

Popsicles haben es mir echt angetan. Sie sind sehr schnell vorbereitet und man kann einfach das kombinieren, was gerade an Obst, Nüssen oder sonstigen Leckereien zu Hause ist. Sie sind das einfachste Dessert, das es gibt. Lediglich ein wenig Zeit zum Gefrieren muss man den Popsicles geben, und schon hat man kleine eisige Naschereien am Stiel.

Für das Granola die Cashewkerne kurz in einer heißen Pfanne rösten, dann die Chiasamen und die Haferflocken dazugeben und einige Sekunden mitrösten. Nun den Zucker dazugeben, die Hitze ein wenig reduzieren und den Zucker karamellisieren lassen, ohne dabei zu rühren. Sobald er geschmolzen ist, 1 Prise Salz und 5 Umdrehungen schwarzen Pfeffer aus der Mühle dazugeben und mit einem Holzlöffel rühren, bis die Nussmischung mit dem Karamell überzogen ist. Das Ganze auf Backpapier geben, ein wenig mit dem Löffel auseinanderzupfen und abkühlen lassen.

Den Puderzucker in die Kokosmilch sieben und mit einem Mixer kurz durchmixen. Die Erdbeeren waschen, vom Blütenkelch befreien und in Scheiben schneiden. Die Minze ebenfalls waschen. Nun die Popsicle-Formen zu zwei Dritteln mit der gezuckerten Kokosmilch füllen und dann die Erdbeerscheiben, die Minze und jeweils einen Holzstiel in die Formen geben. Die Popsicles 1 Stunde in den Gefrierschrank stellen.

Nach 1 Stunde das Granola, eventuell etwas zerhackt, in das restliche Drittel der Form füllen. Darauf achten, dass der Holzstiel noch ein wenig herausragt und auch jede Nuss die Kokosmilch berührt, sonst haften sie hinterher nicht.

Die Popsicles nun mindestens 5 Stunden in den Gefrierschrank stellen, noch besser über Nacht. Es lohnt sich, immer eine kleine Auswahl an Popsicles vorrätig zu haben. So hat man etwas Eisiges zum Naschen da, wenn überraschend Besuch vor der Tür steht.

KAFFEE-POPSICLES

Für ca. 4 Popsicles

250 ml Mandelmilch

60 g Rohrzucker

125 ml starker Kaffee

75 g Schokolade

1 EL gepuffte Quinoa

AUSSERDEM

Popsicle-Formen

Kaffeeduft ist etwas Wunderbares. Auch wenn ich Kaffee so gut wie gar nicht trinke, verwende ich ihn gerne als Aromageber in meinen Gerichten. Diese Kaffee-Popsicles schmecken nach einem Eiskaffee mit Schokosauce. Der Clou ist die gepuffte Quinoa – es sorgt für einen überraschenden Knuspereffekt.

Für die Popsicles Mandelmilch, Zucker und Kaffee erwärmen, bis der Zucker geschmolzen ist. Die Mischung leicht abkühlen lassen, in die Popsicle-Formen gießen und über Nacht in den Gefrierschrank stellen.

Am nächsten Tag die Schokolade schmelzen, 10 Minuten abkühlen lassen und dann vorsichtig über die Popsicles träufeln. Sobald die Schokolade über einen Popsicle geträufelt wurde, die gepuffte Quinoa darüberstreuen, da die Schokolade auf den eisigen Popsicles sofort fest wird. Die Popsicles nacheinander dekorieren und sofort servieren.

MANGO-POPSICLES

Für ca. 6 Popsicles

150 g griechischer Joghurt

130 g Puderzucker

2 EL Zitronensaft

45 g Johannisbeeren

10 g getrocknete Rosenblütenblätter, plus 1 EL zum Garnieren

150 g Mango (Fruchtfleisch einer
Mango)

2 EL Pistazien, grob gehackt

AUSSERDEM

Popsicle-Formen

Holzstiele

Wenn ich diese Popsicles esse, fühle ich mich immer wie eine Prinzessin aus 1001 Nacht. Ich weiß nicht, warum, aber es mag an der Kombination aus Rosen und Pistazien liegen. Sie entführen mich in einen wunderbaren Tagtraum, der so lange anhält, bis ich nur noch das Holzstielchen in den Händen halte.

Den Joghurt mit 50 g Puderzucker und dem Zitronensaft vermengen. Die Johannisbeeren waschen, trocken tupfen und mit den getrockneten Rosenblütenblättern unter die Joghurtmasse heben. Die Mango schälen, halbieren und den Kern entfernen. Das Mango-Fruchtfleisch in grobe Würfel schneiden und mit einem Stabmixer pürieren. Die verbliebenen 80 g Puderzucker hinzufügen und noch mal kurz durchmixen.

Nun abwechselnd den Joghurt und das Mangopüree in die Popsicle-Formen schichten und ein Mal (!) mit einem Essstäbchen durchrühren. Mit den grob gehackten Pistazien abschließen und die Popsicles über Nacht im Gefrierschrank gefrieren lassen. Kurz vor dem Servieren die Spitze der Popsicles mit ein paar Rosenblättern dekorieren.

PFIRSICH-PARFAIT

Für 4 Personen

FÜR DAS PARFAIT

500 g reife Pfirsiche

150 g Joghurt

60 g Puderzucker

2 EL Honig

200 g Sahne

FÜR DAS GRANOLA

100 g Walnusskerne, grob gehackt

100 g Mandeln, grob gehackt

200 g Haselnusskerne, grob gehackt

70 g Cashewkerne, 50 g Chiasamen

50 g gemischte Kerne (Sonnen-
blumen-, Kürbis-, Pinienkerne)

50 g Kokosraspel

2 kleine reife Bananen,
schon leicht braun

½ TL Salz, 1 TL Zimt

4 EL Honig, 1 TL Kokosöl

ZUM SERVIEREN

2 EL Popcornmais

1 EL Zucker, ½ TL Salz

4 EL Granola

4 EL Granatapfelkerne

2 EL Blaubeeren

2 EL Pistazienkerne, grob gehackt

Dieses Parfait ist eine schnelle Variante ohne Ei, also kein klassisches Parfait im eigentlichen Sinne. Ich finde es dennoch unschlagbar lecker und auch optisch wunderschön. Nicht zuletzt durch das köstliche Topping aus Granola, Popcorn und Granatapfel. In diesem Rezept ist ein Granola-Rezept integriert. Man braucht natürlich nicht die gesamte Menge an Granola für das Parfait. Den Rest hat man dann fürs Frühstück oder für die Acai Bowl (siehe S. 149) übrig.

Für das Parfait die Pfirsiche schälen, in grobe Stücke schneiden und zusammen mit Joghurt, Puderzucker und Honig mit einem Stabmixer fein mixen. Die Sahne steif schlagen und vorsichtig unter die pürierte Pfirsichmasse heben. Eine Kastenform (ca. 20 cm lang) leicht einölen, mit Frischhaltefolie auskleiden und die Parfaitmasse hineingießen. Das Parfait über Nacht gefrieren lassen.

Für das Granola den Ofen auf 170 °C Umluft vorheizen. In einer großen Schüssel die Nüsse, Kerne, Samen und Kokosraspel mischen. Die Bananen in grobe Stücke schneiden und zusammen mit den Gewürzen, dem Honig und dem Kokosöl in einem hohen Becher mixen, bis die Mischung eine dickflüssige Konsistenz hat. Die Bananen-Mischung nun unter die Nüsse rühren. Dann alles auf einem mit Backpapier ausgelegten Backblech gut verteilen und auf der mittleren Schiene des Backofens 15 Minuten rösten. Die Mischung aus dem Ofen holen, durchrühren, wieder gut verteilen und erneut etwa 10 Minuten in den Ofen geben. Ein weiteres Mal die Mischung herausholen, wenden und noch einmal 5 Minuten goldgelb rösten. Immer wieder ein Auge darauf haben, damit die Knuspermischung nicht verbrennt. Das Granola abkühlen lassen und in einem luftdichten Behälter aufbewahren.

Den Popcornmais in einem geschlossenen Topf mit ein wenig Öl zu Popcorn aufpuffen lassen und herausnehmen. In dem Topf 1 Esslöffel Zucker hellgold karamellisieren und dann das Popcorn mit einem halben Teelöffel Salz wieder dazugeben. Kurz mit einem Holzlöffel umrühren, damit das Popcorn schön vom Karamell überzogen wird.

Das Parfait vor dem Servieren aus dem Gefrierschrank holen, wenige Minuten antauen lassen und aus der Form lösen. Mit Popcorn, Granola, Granatapfel-kernen, Blaubeeren und Pistazienkernen servieren.

KOKOS-POPSICLES MIT HONIG-HIMBEEREN, KARDAMOM UND MOHN

Für ca. 6 Stück

2 Kardamomkapseln

250 ml Kokosmilch

90 g Puderzucker

15 g Mohn

90 g Himbeeren

1 EL Honig

AUSSERDEM

Popsicle-Formen

Holzstiele

Diese Kombination ist eine meiner liebsten. Säuerlich-süße Himbeeren treffen auf Kokos, nussigen Mohn und Kardamom. Eine köstliches Dream-Team.

Die Kardamomkapseln leicht andrücken, sodass sie aufplatzen, dann zusammen mit der Kokosmilch in einen Topf geben und 1 Minute erhitzen. Auf Zimmertemperatur abkühlen lassen und anschließend durch ein Sieb gießen, um den Kardamom zu entfernen. Den Puderzucker zur Kokosmilch geben und mit einem Stabmixer kurz durchmixen. Den Mohn dazugeben und gut verrühren.

Die Himbeeren waschen, verlesen und mit dem Honig in eine Schüssel geben. Mit einer Gabel ganz leicht zerdrücken. Die Himbeeren zuerst in die Popsicle-Formen geben. Anschließend die Mohn-Kokosmilch dazugießen und jeweils einen Holzstiel hineinstecken. Die Popsicles mindestens 5 Stunden oder besser über Nacht gefrieren.

SÜSSE KÖSTLICHKEITEN

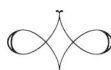

Zuckersüßes Backwerk wird hier verfeinert mit Gewürzen, Kräutern und den leckersten Früchten. Bei Donuts mit Espressoglasur, Zimtrollen mit Orangen-Kardamom-Marmelade und Earl-Grey-Frosting oder buttrigem Apfelkuchen mit Scotch und Rosmarin kommen Naschkatzen ganz auf ihre Kosten und werden von den aufregenden Kombinationen gar nicht genug bekommen können.

KANDIERTE GRAPEFRUIT-STICKS MIT KARDAMOM

Für 1 großes Glas

2 Bio-Grapefruits
400 g Zucker
3 Kardamomkapseln

Kandierte Früchte sind unheimlich köstlich. Gerade Zitrusfrüchte und Ingwer eignen sich besonders gut, um sie mit einer leckeren Zuckerkruste zu überziehen. Meine Grapefruit-Sticks sind schön süß und bekommen durch Kardamom einen aufregend neuen Geschmack dazu. Man kann sie eine Weile in einem Glas aufheben und hat so immer etwas zu naschen im Haus.

Die Grapefruits auspressen und den Saft anderweitig verwenden. Ich liebe Grapefruitsaft und trinke ihn daher immer sofort, während ich die kandierten Sticks zubereite. Die Hälften jeweils vierteln, das Fruchtfleisch und die weiße Membran mit einem Filetiermesser entfernen, sodass nur die Schale übrig bleibt. Die Schale in schmale Streifen schneiden und 10 Minuten in Wasser auskochen. Dann das Wasser abgießen und 350 ml frisches Wasser angießen. 350 g Zucker hinzufügen und die Streifen in diesem Sirup köcheln lassen, bis die Flüssigkeit fast verkocht ist.

Die Kardamomkapseln öffnen und die Samen mörsern. Die Grapefruit-Sticks im restlichen Zucker wenden, mit dem zerstoßenen Kardamom bestreuen und einmal durchmischen. Die Sticks 1 Stunde trocknen lassen und dann in ein Schraubglas füllen.

HAND PIES MIT SAUERKIRSCHE UND ROSMARIN

Für ca. 20 Hand Pies

FÜR DEN TEIG

155 g Mehl

3 EL Zucker

½ EL Salz

115 g eiskalte Butter

1 EL Eiswasser

1 Eigelb

FÜR DIE FÜLLUNG

300 g Sauerkirschen

20 g Zucker

½ TL Salz

2 große Zweige Rosmarin

Sauerkirschen sind meine Lieblingskirschen. Meiner Meinung nach passt Rosmarin wunderbar zu ihnen. Diese gezuckerten Hand Pies bekommen daher eine leicht herbe und fruchtig-saure Füllung aus beiden.

Für den Teig in einer großen Schüssel Mehl, 1 Esslöffel Zucker und Salz mischen. Die kalte Butter in kleine Stückchen schneiden und zum Teig geben. Den Teig zwischen den Händen reiben und kneten, bis die Butter gut eingearbeitet ist und eine bröselige Masse entsteht. Nun das Eiswasser dazugeben und alles zügig mit den Händen zu einem glatten Teig kneten. Die Teigkugel in Frischhaltefolie wickeln und im Kühlschrank 15 Minuten ruhen lassen. Danach den Teig auf einer bemehlten Fläche dünn ausrollen und etwa 20 Kreise mit einem Durchmesser von 8 cm ausstechen. Erneut im Kühlschrank ruhen lassen, während man die Füllung herstellt.

Für die Füllung die Sauerkirschen waschen, halbieren und entsteinen. Die Kirschen mit Zucker und Salz in einen Topf geben und bei mittlerer Hitze köcheln lassen, bis ein wenig Flüssigkeit verdampft und der Zucker geschmolzen ist. Die Rosmarinnadeln von den Zweigen zupfen, zu den Kirschen geben und den Topf vom Herd nehmen. Die Kirsch-Rosmarin-Füllung ein wenig auskühlen lassen. Jetzt den Backofen auf 180 °C Ober-/Unterhitze vorheizen.

Die Teigkreise aus dem Kühlschrank nehmen und jeweils 1–1 ½ Esslöffel von der Kirsch-Rosmarin-Füllung daraufgeben, die Ränder mit ein wenig Wasser betupfen. Die Teigkreise zu einem Halbmond zusammenklappen, die Ränder mit den Zinken einer Kuchengabel eindrücken und so verschließen. Das Eigelb mit 1 Esslöffel Wasser verrühren, die Pies damit bestreichen, mit dem restlichen Zucker bestreuen und im Ofen auf der zweiten Schiene von unten etwa 15 Minuten goldgelb backen. Herausnehmen und auf einem Gitter auskühlen lassen.

SHORTBREADS

Grundteig für ca. 20 Shortbreads

225 g Butter

115 g Zucker

260 g Mehl, plus etwas
mehr zum Bestäuben

½ TL Salz

Ich habe eine Schwäche für Tee. Jeden Morgen und manchmal auch nachmittags brauche ich eine Tasse Tee. Nicht unbedingt, um wachzubleiben, sondern um mich gut zu fühlen. Für eine kleine seelische Ruheinsel an einem hektischen Tag. Natürlich habe ich dann auch gerne was zum Knabbern dabei. Shortbreads in allen Variationen sind toll zum Tee. Ob ganz pur oder ungewöhnlich aromatisiert – ich liebe sie alle. Diese drei Variationen sind zurzeit meine liebsten.

Die Butter und den Zucker in eine Schüssel geben und mit dem Handrührgerät schaumig aufschlagen. Mehl und Salz hinzufügen und alles zu einem glatten Teig kneten. Den Teig zu einem flachen Ziegel formen und in Frischhaltefolie gewickelt 15 Minuten im Kühlschrank ruhen lassen.

Den Backofen auf 180 °C Ober-/Unterhitze vorheizen. Den kalten Teig auf einer bemehlten Arbeitsplatte mit den Händen flach drücken und mit dem Nudelholz 1 cm dick ausrollen. Dabei den Teig immer wieder mit ein wenig Mehl bestäuben, um ihn besser ausrollen zu können. Kreise von etwa 6 cm Durchmesser ausstechen und vorsichtig auf ein mit Backpapier belegtes Blech legen. Die Shortbreads nicht zu dicht nebeneinanderlegen, sie gehen noch ein wenig auf. Den Teig im vorgeheizten Ofen 15–20 Minuten backen.

Kardamom | Rosenblüte

Für ca. 20 Shortbreads

Grundteig

3 Kardamomkapseln

FÜR DAS ROSEN-ICING

200 ml Milch

6 EL getrocknete Rosen-
blütenblätter

¼ TL Rote-Bete-Pulver

150 g Puderzucker

Die Kombination von Kardamom und Rosen kommt aus der persischen Kultur und ist märchenhaft gut.

Für den Teig die Kardamomkapseln öffnen, die Samen fein mörsern und dem im Grundteig enthaltenen Salz beifügen. Den Teig wie im Grundrezept beschrieben bearbeiten und backen.

Für das Rosen-Icing die Milch zusammen mit 3 Esslöffel Rosenblütenblättern erhitzen. Vom Herd nehmen, sobald die Rosenmilch anfängt zu dampfen. Das Rote-Bete-Pulver einrühren, die Mischung durch ein Sieb gießen und abkühlen lassen. Den Puderzucker in eine Schüssel geben und 9 Teelöffel von der Rosenmilch hinzufügen. Mit einem Schneebesen glatt rühren. Die abgekühlten Shortbreads mit dem Icing verzieren. Ich nehme dazu einen Löffel, denn ich finde, es muss nicht zu perfekt aussehen. Ein Spritzbeutel mit Tülle geht aber natürlich auch. Die Shortbreads mit den restlichen Rosenblütenblättern verzieren, solange das Icing noch nicht getrocknet ist.

Thymian | Zitrone

Für ca. 20 Shortbreads

Grundteig

2 Bio-Zitronen

3 EL Thymianblättchen

FÜR DAS THYMIAN-ZITRONEN-ICING

150 g Puderzucker

fein abgeriebene Schale und
Saft von 1 Bio-Zitrone

2 EL Thymianblättchen

Eine frische Variante der Shortbreads, mit einer schönen Kräuternote – perfekt auch zu einem Aperitif.

Für den Teig die Zitronen waschen, die Schale fein abreiben und zusammen mit den Thymianblättchen dem Grundteig beifügen. Den Teig wie im Grundrezept beschrieben bearbeiten und backen.

Für das Thymian-Zitronen-Icing die Zitrone auspressen. Den Puderzucker mit 9 Teelöffel Zitronensaft in eine kleine Schüssel geben. Mit einem Schneebesen glatt rühren. Die abgekühlten Shortbreads mit dem Icing beträufeln. Mit den Thymianblättern und der abgeriebenen Zitronenschale verzieren, solange das Icing noch nicht getrocknet ist.

Hibiskus | Limette

Für ca. 20 Shortbreads

Grundteig

FÜR DAS HIBISKUS-LIMETTEN-ICING

200 ml Milch

6 EL getrocknete Hibiskusblüten

150 g Puderzucker

fein abgeriebene Schale
von 1 Bio-Limette

Süß und gleichzeitig frisch durch die Limette – wie gemacht für einen Mädelsabend auf der Couch mit einem Glas Sekt und einem schönen Film.

Den Teig wie im Grundrezept beschrieben zubereiten und backen.

Für das Hibiskus-Limetten-Icing die Milch zusammen mit 4 Esslöffel Hibiskusblüten erhitzen. Vom Herd nehmen, sobald sie anfängt zu dampfen, durch ein Sieb gießen und abkühlen lassen. Den Puderzucker in eine Schüssel geben und 9 Teelöffel von der Hibiskusmilch hinzufügen. Mit einem Schneebesen glatt rühren. Die restlichen Hibiskusblüten zerbröseln. Die abgekühlten Shortbreads mit dem Icing beträufeln und mit den zerbröselten Hibiskusblüten und der Limettenschale verzieren, solange das Icing noch nicht getrocknet ist.

DINKEL-BISKUITS

Für ca. 8 Stück

250 g Dinkelmehl

1 ¼ EL Backpulver

2 TL Salz

62 g kalte Butter

230 ml Buttermilch

½ TL frisch gemahlener
schwarzer Pfeffer

Biskuits habe ich vor vielen Jahren in den USA kennengelernt. Sie sind eine Art Brötchen und es gibt sie dort süß oder salzig: mal mit Marmelade gefüllt zum Frühstück, mal herzhaft als Burger und auch mit Butter als Beilage zu Salat. Die Biskuits mit Dinkelmehl und Salz haben eine leicht herzhafte Note und sind unschlagbar zur Feigenbutter mit Orange und Zimt aus diesem Buch (siehe S. 28).

Den Backofen auf 220 °C Ober-/Unterhitze vorheizen. Mehl, Backpulver und Salz mischen. Die kalte Butter in kleine Stückchen schneiden und zum Teig geben. Den Teig zwischen den Händen reiben und kneten, bis die Butter gut eingearbeitet ist und eine bröselige Masse entsteht. Nun die Buttermilch dazugeben und nur so lange mit den Händen kneten, bis sich alles miteinander verbunden hat. Der Teig muss wirklich klebrig sein, also nicht noch mehr Mehl dazugeben. Den Teig nun auf einer bemehlten Fläche ein wenig flach drücken, dann einmal falten und wieder mit den Händen flach drücken. Den Vorgang noch einmal wiederholen, dann den Teig zu einem 2–3 cm flachen Ziegel formen. Mit einem runden Ausstecher Biskuits ausstechen, ohne den Teigziegel dabei zu drehen. Dann die Biskuits nah aneinander auf ein mit Backpapier belegtes Blech setzen und im Ofen auf der untersten Schiene ungefähr 10–15 Minuten goldgelb backen.

Die Dinkel-Biskuits passen toll zur Feigenbutter mit Orange und Zimt (siehe S. 28). Hierfür die Biskuits aufschneiden und noch warm mit ein wenig normaler Butter bestreichen. Die Feigenbutter daraufstreichen und mit der oberen Biskuithälfte abdecken. Warm schmecken die Biskuits am besten.

ROTWEINBIRNEN MIT KARDAMOM-MASCARPONE UND LEBKUCHEN

Für 4 Personen

FÜR DIE ROTWEINBIRNEN

4 kleinere Birnen

400 ml Rotwein

150 ml Orangensaft

50 g Rohrzucker

1 EL fein geriebene Schale
von 1 Bio-Orange

1 EL gehackter Ingwer

3 Nelken

1 Stück Zimt

12 Pfefferkörner

1 Sternanis

FÜR DEN KARDAMOM-MASCARPONE

6 Kardamomkapseln

100 g Sahne

250 g Mascarpone

30 g Puderzucker

FÜR DIE LEBKUCHEN-CROÛTONS

4 Pfeffernüsse
(Weihnachtsgebäck)

½ EL Butter

Diese Rotweinbirnen haben es mir angetan. Die Birnen werden durch den Gewürz-Rotwein wunderschön pink, buttrig weich und zergehen auf der Zunge. Die Mascarpone-Sahne dazu ist schon eine Sünde wert und zusammen mit den Lebkuchen-Croûtons sind die Birnen einfach ein himmlisches Dessert.

Für die Rotweinbirnen die Birnen schälen, dabei aber den Stiel stehen lassen. Eine schmale Scheibe unten an den Birnen abschneiden, damit man sie hinstellen kann. Alle Zutaten für den Gewürz-Rotwein in einen Topf geben, einmal aufkochen lassen, die Birnen hineinlegen und das Ganze zugedeckt 30 Minuten leicht köcheln lassen. Zwischendurch die Früchte immer mal wieder wenden. Anschließend die Birnen herausnehmen, abtropfen und abkühlen lassen.

Für den Kardamom-Mascarpone die Kardamomkapseln in einen Mörser geben und ganz leicht mörsern, sodass die Schale aufbricht. Die Sahne zusammen mit dem zerstoßenen Kardamom aufkochen lassen, dann vom Herd nehmen und abkühlen lassen. Den Mascarpone mit einem Rührgerät leicht aufschlagen, die Sahne durch ein Sieb angießen und noch eine halbe Minute weiterrühren. Den Puderzucker hineinsieben und gut verrühren.

Die Pfeffernüsse in kleine Stücke brechen und in einer Pfanne mit der Butter leicht rösten, bis sie ein wenig knusprig sind.

Zum Anrichten den Kardamom-Mascarpone auf vier Schüsseln verteilen, die Birnen aufrecht hineinstellen und mit den Lebkuchen-Croûtons bestreuen.

DONUTS MIT ROSEN UND BROMBEEREN

Für ca. 12 Donuts

FÜR DIE DONUTS

180 ml lauwarme Milch

1 TL Trockenhefe

80 g Zucker

35 g zimmerwarme Butter

2 große Eier

430 g Mehl

FÜR DIE BROMBEERSAUCE

300 g Brombeeren

40 g Crème fraîche

40 g Puderzucker

FÜR DAS ROSEN-ICING

80 g Puderzucker

10 ml Rosenwasser

½ TL Brombeersauce

1 EL Pistazien, gehackt

1 EL getrocknete Rosen-
blütenblätter

Gebackene Donuts gibt es bei uns im Moment ganz oft. Deshalb habe ich für mein Buch gleich vier Rezepte geschrieben. Zugegeben, an frittierte Donuts kommt so schnell nichts ran. Aber die gebackenen Donuts sind einfacher in der Zubereitung und auch sehr lecker. Diese Rosen-Donuts habe ich mit Hefeteig gemacht. Das ist meine liebste Basisvariante für in der Form gebackene Donuts.

Den Backofen auf 180 °C Ober-/Unterhitze vorheizen. Für den Teig die warme Milch in eine Rührschüssel gießen und Trockenhefe und Zucker hinzufügen. Alles mit dem Knethaken kurz durchrühren. Zunächst 1 Esslöffel Butter, dann die Eier und Mehl hinzufügen. Den Teig mit dem Knethaken 2–3 Minuten rühren. Er sollte weich, samtig und noch leicht feucht sein. Auf keinen Fall zu viel Mehl hinzugeben. Den Teig in einer leicht gefetteten Schüssel 1 Stunde zugedeckt an einem warmen Ort gehen lassen.

Den Teig anschließend auf einer bemehlten Fläche etwa 1 cm dick ausrollen, Kreise von etwa 6 cm Durchmesser ausstechen und mit dem Daumen ein Loch in die Mitte bohren. Die Donuts in leicht gefettete Donutformen legen. Weitere 30 Minuten gehen lassen. Die verbliebene Butter zerlassen. Die Donuts mit 1 Esslöffel zerlassener Butter bestreichen und im Ofen auf der mittleren Schiene 6 Minuten backen.

Für die Brombeersauce die Brombeeren waschen und in einem Topf mehrere Minuten einköcheln lassen, anschließend pürieren und durch ein feines Sieb streichen. 120 g Brombeerpüree mit Crème fraîche und Puderzucker zu einer glänzenden Creme rühren.

Für das Rosen-Icing den Puderzucker mit Rosenwasser und Brombeersauce glatt rühren.

Die Donuts mit dem restlichen Esslöffel zerlassener Butter bestreichen und in das Icing dippen, mit Pistazien und Rosenblütenblättern dekorieren und mit der Brombeersauce servieren. Die Donuts sollten ganz frisch gegessen werden, dann sind sie am besten.

SÜSSKARTOFFEL-DONUTS

Für ca. 12 Donuts

FÜR DIE DONUTS

270 g Süßkartoffeln

215 g Mehl

2 TL Backpulver

1 ½ TL Pumpkin Spice

1 TL Zimt

170 g Zucker

40 g Butter, zerlassen

45 ml Öl

1 Ei

FÜR DAS ICING

100 g Schmand

300 g Puderzucker

3 EL Kokosraspel

30 g kandierter Ingwer, fein gehackt

AUSSERDEM

Spritzbeutel

Donutblech

Donuts aus Süßkartoffeln – mit Pumpkin Spice, Kokosraspeln und kandiertem Ingwer. So klingt meine Traumkombination für Donuts.

Den Backofen auf 200 °C Ober-/Unterhitze vorheizen. Die Süßkartoffeln schälen, in Würfel schneiden und in leicht gesalzenem Wasser 5–10 Minuten kochen, bis sie weich sind, anschließend pürieren. Für den Teig die trockenen Zutaten gut miteinander mischen. Die zerlassene Butter, das Öl und das Ei miteinander verquirlen und zu den trockenen Zutaten geben. Alles zu einem glatten Teig verarbeiten und danach 225 g Süßkartoffelpüree unterrühren. Ein Donutblech fetten und den Teig mit einem Spritzbeutel in die Formen spritzen. Dabei die Mulden nur zu drei Vierteln füllen. Die Donuts auf der mittleren Schiene 10–15 Minuten backen, dann aus den Formen nehmen und auf einem Gitter auskühlen lassen.

Für das Icing den Schmand in eine Schüssel geben, den Puderzucker hineinsieben und zu einer glatten, glänzenden Creme rühren.

Die Donuts in das Icing dippen und mit Kokosraspeln und dem kandierten Ingwer dekorieren.

DONUTS MIT ESPRESSO-GLASUR UND SCHOKOLADE ZUM DIPPEN

Für ca. 10 Donuts

FÜR DIE DONUTS

100 g Mehl

2 EL Maisstärke

75 g Zucker

1 TL Backpulver

¼ TL Salz

80 g Buttermilch

1 großes Ei

1 EL zerlassene Butter

FÜR DIE ESPRESSO-GLASUR

120 g Zuckerrübensirup

110 ml Espresso

85 g Schmand

100 g gesüßte Kondensmilch

Salz

FÜR DEN SCHOKOLADEN-DIP

100 g dunkle Kuvertüre

60 ml Vollmilch

15 g Puderzucker

1 TL Allspice-Gewürz
(alternativ Zimt)

AUSSERDEM

Donutblech, Spritzbeutel

Diese Donuts sind was für Kaffee-Liebhaber. Die Glasur ist schön karamellig und schmeckt angenehm nach Espresso. Die Schokolade zum Dippen ist natürlich optional, denn die Espresso-Glasur allein ist ja schon süß genug. Aber wenn man schon nascht, dann auch richtig, oder? Diese Donuts sind aus einer Art Rührteig. Wer lieber Hefeteig mag, kann den Teig für die Donuts mit Rosen-Icing (siehe S. 195) auch für diese Donuts nehmen.

Den Backofen auf 200 °C Ober-/Unterhitze vorheizen. Für den Teig die trockenen Zutaten gut miteinander vermischen. Buttermilch, Ei und zerlassene Butter ebenfalls verquirlen und zu den trockenen Zutaten geben. Alles zu einem glatten Teig verrühren. Ein Donutblech fetten und den Teig mit einem Spritzbeutel in die Formen spritzen. Dabei die Mulden nur zu drei Vierteln füllen. Die Donuts auf der mittleren Schiene 10–15 Minuten backen, dann aus den Formen nehmen und auf einem Gitter auskühlen lassen.

Für die Glasur den Zuckerrübensirup und den Espresso 10 Minuten köcheln lassen, bis sich alles schön verbunden hat. Vom Herd nehmen, den Schmand einrühren und die Kondensmilch hinzufügen. Die Espresso-Glasur mit 1 Prise Salz würzen.

Für den Schokoladen-Dip die Kuvertüre im Wasserbad schmelzen, vom Herd nehmen und die Milch und den Puderzucker einrühren, bis der Schokoladen-Dip glänzt. Nach Geschmack mit Allspice oder mit Zimt würzen.

Die Donuts in die Espresso-Glasur tunken und dann genüsslich in die gewürzte Schokolade dippen.

PFEFFRIGE BROMBEER-DONUTS

Für ca. 12 Donuts

FÜR DIE DONUTS

200 g Brombeeren

270 g Mehl

75 g Zucker

¼ TL Salz

1 TL frisch gemahlener, grober Pfeffer

1 EL Acai-Pulver

1 Ei

1 EL zerlassene Butter

80 g Buttermilch

1 EL Thymianblättchen, plus mehr zum Garnieren

FÜR DAS ICING

130 g Ziegenfrischkäse

50 g Schmand

100 g Puderzucker

AUSSERDEM

Donutblech

Spritzbeutel

Ziegenkäse kann, wenn man ihn dezent dosiert, auch in Süßspeisen umwerfend gut sein. So wie hier. Die Brombeer-Donuts haben eine kräftige Pfeffernote, das Icing schmeckt ganz mild nach Ziegenkäse und der Thymian sorgt für kräutrige Frische. Als Alternative für alle, die Ziegenkäse in Süßspeisen nicht so mögen, eignet sich das Icing der Süßkartoffel-Donuts (siehe S. 196).

Den Backofen auf 200 °C Ober-/Unterhitze vorheizen. Die Brombeeren waschen, in einen Topf geben, ein paar Minuten köcheln lassen, anschließend mit dem Stabmixer pürieren und durch ein feines Sieb streichen. Für den Teig die trockenen Zutaten gut miteinander vermischen. Das Ei, die zerlassene Butter und die Buttermilch ebenfalls verquirlen und zu den trockenen Zutaten geben. Alles zu einem glatten Teig verquirlen. Dann 90 g Brombeerpüree und die Thymianblättchen unterrühren. Das restliche Brombeerpüree entweder direkt naschen oder unter den Frühstücksjoghurt rühren.

Eine Donutform fetten und den Teig mit einem Spritzbeutel in die Formen spritzen. Dabei die Mulden nur zu drei Vierteln füllen. Die Donuts auf der mittleren Schiene 10–15 Minuten backen, dann aus den Formen nehmen und auf einem Gitter auskühlen lassen.

Für das Icing den Ziegenfrischkäse und den Schmand in eine Schüssel geben, den Puderzucker hineinsieben und alles zu einer glatten, glänzenden Creme rühren. Die Donuts in das Icing dippen und mit Thymianblättchen dekorieren.

SAFTIGER ZITRONEN-GUGELHUPF

Für 1 Gugelhupf

345 g Mehl

1 TL Backpulver

1 TL Salz

70 g zimmerwarme Butter

115 g griechischer Joghurt

360 g brauner Zucker

4 große Eier

210 ml Buttermilch

35 ml Olivenöl

70 ml Orangensaft

20 ml Zitronensaft

fein geriebene Schale
von 3 Bio-Zitronen

2 EL Rosmarinnadeln, gehackt

FÜR DEN SIRUP

4 große Bio-Zitronen

200 g Zucker

Salz

3 Zweige Rosmarin

FÜR DIE GLASUR

2 große Bio-Zitronen

140 g Puderzucker

5 TL Milch

2–3 EL Rosenblütenblätter,
getrocknet

Diesen Zitronen-Gugelhupf habe ich schon viele Male gebacken und ich bin immer noch begeistert. Weil der Sirup langsam immer weiter in den Kuchen sickert, wird der Gugelhupf von Tag zu Tag saftiger ... falls nach dem Backtag überhaupt noch etwas übrig ist.

Den Backofen auf 180 °C Umluft vorheizen. Für den Kuchen Mehl, Backpulver und Salz mischen. In einer weiteren Schüssel die Butter zusammen mit dem Joghurt und dem Zucker schaumig aufschlagen und nach und nach die Eier dazugeben. Dann die Buttermilch, das Olivenöl, den Orangensaft, Zitronensaft, die fein geriebene Zitronenschale und die gehackten Rosmarinnadeln dazugeben und kurz durchrühren. Nun unter Rühren die Mehlmischung dazugeben und alles noch einmal kurz durchrühren. Eine Gugelhupf-Form buttern und den Teig hineingeben. Im Ofen auf der mittleren Schiene etwa 40 Minuten backen. Den Kuchen aus der Form lösen und auf einem Gitter auskühlen lassen.

Währenddessen den Sirup herstellen. Hierfür die Schale der gewaschenen Zitronen mit einem Sparschäler abschälen. Die Zitronen auspressen und den Saft (ca. 200 ml) mit den Zitronenschalen, dem Zucker, 200 ml Wasser, 1 Prise Salz und den Rosmarinzweigen in einen Topf geben und bei mittlerer Hitze etwa 10 Minuten sanft köcheln lassen, bis sich der Zucker aufgelöst hat. Den Sirup durchsieben und auskühlen lassen.

2 weitere Zitronen waschen, mit einem Zestenreißer ungefähr 3 Esslöffel dünne Zitronenzesten abschälen und beiseitestellen. Anschließend den Saft der Zitronen auspressen. Für die Glasur den Puderzucker mit Milch und 4 Teelöffel von dem Zitronensaft glatt rühren.

Den abgekühlten Kuchen oben und an den Seiten mit Sirup bepinseln und mit der Glasur beträufeln. Mit Zitronenzesten und Rosenblütenblättern dekorieren.

ZIMTROLLEN MIT ORANGEN-KARDAMOM-MARMELADE UND EARL-GREY-FROSTING

Für ca. 12 Stück

FÜR DIE ZIMTROLLEN

240 ml Milch

115 g Zucker

30 g frische Hefe

520 g Mehl

½ TL Salz

225 g Butter, plus etwas
mehr für die Form

2 Eier

225 g Rohrzucker

4 EL Zimt

Salz

FÜR DAS EARL-GREY-
FROSTING

2 TL Earl-Grey-Tee

1 Sternanis

1 TL Zimt

1 Nelke

½ TL geriebenen Ingwer

500 g Frischkäse

120 g Puderzucker

Wenn ich meine liebste süße Nascherei aus diesem Buch wählen müsste, dann würde die Wahl auf diese Zimtrollen fallen. Sie sind so wunderbar weich und buttrig, das Frosting hat eine so schöne Tee-Note und meine würzige Orangen-Marmelade (siehe S. 33) dazu ist das Tüpfelchen auf dem i. Mein Mann und ich haben es in der Testphase für dieses Buch sehr genossen, mehrere Tage hintereinander Zimtrollen zum Frühstück zu essen. Hach, ich könnte schon wieder ...

Für den Teig die Milch erwärmen, den Zucker dazugeben und die Hefe hineinbröckeln. Gut durchrühren und abgedeckt etwa 10 Minuten stehen lassen, bis die Hefe arbeitet und die Milch Blasen wirft. Nun in einer weiteren Schüssel das Mehl und das Salz gut vermengen, 75 g Butter, die Eier und die Hefemilch dazugeben und mit der Küchenmaschine kurz zu einem glatten Teig kneten. Mit der Hand etwa 5 Minuten weiterkneten, bis der Teig ganz samtig ist. Den Teig nun abgedeckt 1 Stunde an einem warmen Ort gehen lassen.

Für das Frosting den Tee, die Gewürze und den Ingwer mit 150 ml kochendem Wasser übergießen und 30 Minuten ziehen lassen. Den Frischkäse mit der Hälfte des Puderzuckers glatt rühren. Nun 3 Esslöffel von dem abgekühlten Tee hinzufügen und den Frischkäse glatt rühren. Puderzucker hinzufügen, bis die Konsistenz cremig ist und das Frosting gleichmäßig vom Löffel fließt.

Für die Füllung der Zimtrollen 150 g Butter mit Rohrzucker, Zimt und 1 Prise Salz gut verrühren. Den Backofen auf 200 °C Ober-/Unterhitze vorheizen. Den Teig auf einer bemehlten Arbeitsfläche zu einem 1 cm dicken Rechteck ausrollen und komplett mit der Zimtbutter bestreichen. Dann der Länge nach aufrollen und in etwa 5 cm dicke Scheiben schneiden. Die Scheiben in eine gebutterte Auflaufform legen und etwa 8 Minuten backen.

Die Zimtrollen mit dem Frosting beträufeln und die Orangen-Marmelade (siehe S. 33) dazu servieren.

HAND PIES MIT BERGPFIRSICH UND ZITRONENTHYMIAN

Für ca. 16 Hand Pies

FÜR DEN TEIG

230 g Mehl

1 ½ EL Zucker

1 TL Salz

175 g eiskalte Butter

1 ½ EL Eiswasser

1 Eigelb

FÜR DIE FÜLLUNG

300 g Bergpfirsich

20 g Rohrzucker

½ TL Salz

4 große Zweige Zitronenthymian

fein abgeriebene Schale
von ½ Bio-Zitrone

Hand Pies sind super vorzubereiten und eignen sich ganz besonders für den süßen Abschluss eines tollen Picknicks, da man sie ganz einfach und bequem aus der Hand essen kann und noch nicht mal eine Gabel mitnehmen muss. Diese Füllung aus fruchtigem Bergpfirsich und zitronigem Thymian duftet und schmeckt herrlich nach Spätsommer.

In einer großen Schüssel Mehl, Zucker und Salz mischen. Die kalte Butter in kleine Stückchen schneiden und zum Teig geben. Den Teig zwischen den Händen reiben und kneten, bis die Butter gut eingearbeitet ist und eine bröselige Masse entsteht. Nun das Eiswasser dazugeben und alles zügig mit den Händen zu einem glatten Teig formen. Die Teigkugel in Frischhaltefolie wickeln und im Kühlschrank 15 Minuten ruhen lassen. Danach den Teig auf einer bemehlten Fläche dünn ausrollen und ungefähr 32 Teigkreise mit einem Durchmesser von 8 cm ausstechen. Die Teigkreise erneut im Kühlschrank ruhen lassen, während man die Füllung herstellt.

Für die Füllung die Pfirsiche waschen, halbieren und die Steine entfernen. Die Hälften jeweils in 4 Stücke teilen. Die Pfirsichstücke mit Zucker und Salz in einen kleinen Topf geben und so lange bei mittlerer Hitze köcheln lassen, bis ein wenig Flüssigkeit verdampft und der Zucker geschmolzen ist. Die Blättchen von den Thymianzweigen zupfen, zusammen mit der Zitronenschale zu den Pfirsichen geben und den Topf vom Herd nehmen. Die Pfirsich-Thymian-Füllung ein wenig auskühlen lassen. Den Backofen auf 180 °C Ober-/Unterhitze vorheizen.

Die Teigkreise aus dem Kühlschrank nehmen und auf die Hälfte davon jeweils 1 Esslöffel der Pfirsich-Thymian-Füllung geben und die Ränder mit ein wenig Wasser betupfen. Die andere Hälfte der Teigkreise, die als Deckel dienen, mit einem kleinen Messer dreimal sternförmig einritzen. Die Deckel vorsichtig auf die Kreise mit der Füllung legen. Die Ränder zuerst sanft zusammendrücken, dann mit den Zinken einer Kuchengabel eindrücken und so verschließen. Das Eigelb mit 1 Esslöffel Wasser verrühren, die Pies damit bestreichen und im Ofen auf der zweiten Schiene von unten etwa 15 Minuten goldgelb backen. Herausnehmen und auf einem Gitter auskühlen lassen.

DUNKLER GESALZENER GUGEL MIT CHAI-NUGAT

Für 1 Gugelhupf

❦

265 ml Kaffee

75 g Kakaopulver

500 g Zucker

3 TL Salz

2 ½ TL Backpulver

2 große Eier

1 Eigelb

295 ml Buttermilch

215 ml Öl

320 g Mehl

Butter für die Form

FÜR DIE GLASUR

200 g Sahne

100 g Nugat

Noch ein Gugelhupf, den ich sehr liebe. Er ist schön schokoladig, aber durch das Salz und den Kaffee im Teig nicht zu süß. Ein Knaller ist das Nugat-Masala-Chai-Frosting. Ich würde es am liebsten löffeln, bis die Schüssel leer ist. Man kann den Kuchen aber auch nur mit der Glasur und den Kürbiskernen machen, dann ist er ein wenig leichter – wenn man bei einem Schokoladen-Gugel über-haupt von „leicht" reden kann.

Den Backfen auf 180 °C Ober-/Unterhitze vorheizen. Für den Gugelhupf den Kaffee zusammen mit dem Kakaopulver in einen Topf geben, zum Kochen brin-gen und rühren, bis alle Klümpchen aufgelöst sind. Die Mischung abkühlen lassen. Den Zucker zusammen mit Salz, Backpulver, Eiern und Eigelb in einer Küchenmaschine verrühren. Die Buttermilch und das Öl hinzufügen und weiter-rühren. Das Mehl hinzugeben, gut verrühren. Zum Schluss die vorbereitete Kaffee-Kakao-Mischung dazugeben. Den Teig 1 Minute rühren. Eine Gugel-hupfform einfetten und mit Mehl bestäuben, dann den Teig hineingeben und 1 Stunde backen. Den fertigen Gugel aus der Form lösen und auf einem Gitter auskühlen lassen.

Für die Glasur die Sahne langsam erwärmen und das Nugat darin schmelzen. Die Glasur über den Kuchen träufeln.

Weiter geht's auf der nächsten Seite.

FÜR DAS NUGAT-MASALA-CHAI-FROSTING

80 g Sahne

1 EL Earl-Grey-Tee

170 g Butter

100 g dunkle Kuvertüre

70 g Nugat

1 EL Zimt

Samen von 1 Kardamomkapsel, gemörsert

120 g Creme fraîche

230 g Puderzucker

FÜR DIE KARAMELLISIERTEN KÜRBISKERNE

1 Handvoll Kürbiskerne

1 EL Zucker

Für das Frosting die Sahne mit dem Tee aufkochen, vom Herd nehmen und ziehen lassen. Die Butter zerlassen und zur Seite stellen. Die Kuvertüre zusammen mit dem Nugat in einem Wasserbad schmelzen. Die Butter und die Nugat-Schokolade in einer Schüssel glatt rühren. Zimt, Kardamom, Crème fraîche und die Hälfte des gesiebten Puderzuckers dazugeben und glatt rühren. Dann die Tee-Sahne durch ein Sieb angießen und den restlichen gesiebten Puderzucker unterrühren. Das Frosting sollte glatt und glänzend sein.

Die Kürbiskerne in einer Pfanne ohne Fett leicht rösten, bis sie anfangen aufzuplatzen. Dann den Zucker hinzufügen und karamellisieren lassen, ohne zu rühren. Sobald er geschmolzen ist, mit einem Holzlöffel rühren, bis die Kürbiskerne mit dem Karamell bedeckt sind. Die Kerne auf ein Backpapier geben, mit einem Löffel trennen und abkühlen lassen.

Den glasierten Gugelhupf mit den Kürbiskernen garnieren und das Nugat-Masala-Chai-Frosting separat dazu reichen. So kann jeder nach Belieben sein Stück Kuchen mit dem Frosting verfeinern.

WINTERLICHE TARTES MIT THYMIAN-MARSHMALLOW-FROSTING

Für 2 Tartes mit je Ø 10 cm

FÜR DIE BÖDEN

250 g Mehl

125 g Zucker

Salz

125 eiskalte Butter, plus etwas für die Form

1 Ei

getrocknete Hülsenfrüchte zum Blindbacken

FÜR DIE MARMELADE

3 Bio-Zitronen

1 Orange

6 EL Zucker, Salz

FÜR DAS THYMIAN-MARSHMALLOW-FROSTING

2 EL frische Thymianblättchen, plus etwas mehr zum Garnieren

160 g Zucker

3 große Eiweiß

3 g Weinsteinbackpulver

AUSSERDEM

2 Tarteformen, Ø 10 cm

Spritzbeutel

Diese Tartes sind einfach köstlich: Knuspriger Boden trifft sauersüße Marmelade und zuckriges Marshmallow-Frosting, das mit Thymian aromatisiert wurde. Perfekt im Winter, wenn die Zitrusfrüchte am aromatischsten sind.

In einer großen Schüssel Mehl, Zucker und 1 Prise Salz mischen. Die kalte Butter in kleine Stückchen schneiden und zum Teig geben. Den Teig zwischen den Händen reiben und die Butter gut einarbeiten, bis eine bröselige Masse entstanden ist. Nun das Ei dazugeben und alles zügig mit den Händen zu einem glatten Teig formen. Den Teig in Frischhaltefolie gewickelt 30 Minuten im Kühlschrank ruhen lassen.

Für die Marmelade die Schale von 2 Zitronen mithilfe eines Sparschälers abschälen und fein hacken. Die Zitronen und Orangen filetieren, sodass man insgesamt 280 g Fruchtfleisch hat. Dies zusammen mit dem Zucker, 1 Prise Salz und den gehackten Zitronenschalen in einen Topf geben und 10 Minuten köcheln lassen, bis die Marmelade die richtige Konsistenz hat.

In der Zwischenzeit das Frosting herstellen. Hierfür die Thymianblättchen mit 60 ml kochendem Wasser überbrühen und auf Zimmertemperatur abkühlen lassen. Den Zucker zusammen mit dem Eiweiß, dem Backpulver und dem abgekühlten Thymianwasser schaumig mixen. Die Mischung anschließend im Wasserbad unter ständigem Rühren erwärmen, bis der Zucker geschmolzen ist. Ob sich der Zucker schon aufgelöst hat, testet man, indem man einen Tropfen der Mischung zwischen den Fingern zerreibt. Die Mischung nun in eine Küchenmaschine geben und 15-20 Minuten zu einem Marshmallow-Frosting aufschlagen. Bis zur Verwendung kühl stellen.

Den Ofen auf 180° Ober-/Unterhitze vorheizen. Danach den Teig auf einer bemehlten Fläche dünn ausrollen und 2 passende Kreise ausschneiden. Die Teigkreise in die gebutterten Formen legen und andrücken. Die Böden des Teigs mit Backpapier belegen und getrocknete Kichererbsen darauf geben. Die Tartes 10–15 Minuten auf der zweiten Schiene von unten backen, anschließend auskühlen lassen. Die Marmelade in die Tartes einfüllen und mithilfe eines Spritzbeutels kleine Tupfer Frosting darauf setzen. Mit Thymianblättchen garnieren.

BISKUITS MIT PFEFFRIGEN ERDBEEREN

Für ca. 8 Biscuits

FÜR DIE BISKUITS

250 g Mehl

1 EL Backpulver

2 TL Salz

56 g eiskalte Butter

130 g Buttermilch

FÜR DIE PFEFFRIGEN ERDBEEREN

250 g Erdbeeren

2 EL Zucker

frisch gemahlener schwarzer Pfeffer

Pfirsich-Rosen-Butter (siehe S. 19)

Mit Pfirsich, Rosen und Erdbeeren vereint zwischen zwei buttrigen Biskuit-Scheiben – der Himmel auf Erden. Die Biskuits, amerikanische Mini-Brötchen, schmecken übrigens auch in anderer Kombination oder als Beilage zu Salat. Und die pfeffrigen Erdbeeren esse ich genauso gerne auf einem Stück Brot mit Ziegenkäse. Einfach himmlisch!

Den Backofen auf 220 °C Ober-/Unterhitze vorheizen. Mehl, Backpulver und Salz mischen. Die kalte Butter in kleine Stückchen schneiden und zum Teig geben. Den Teig zwischen den Händen reiben und kneten, bis die Butter gut eingearbeitet ist und eine bröselige Masse entsteht. Nun die Buttermilch dazugeben und nur so lange mit den Händen kneten, bis sich alles miteinander verbunden hat. Der Teig muss wirklich klebrig sein, also nicht noch mehr Mehl dazugeben. Den Teig nun auf einer bemehlten Fläche ein wenig flach drücken, dann einmal falten und wieder mit den Händen flach drücken. Den Vorgang noch einmal wiederholen, dann den Teig zu einem 2–3 cm flachen Ziegel formen. Mit einem runden Ausstecher Biskuits ausstechen, ohne den Teigziegel dabei zu drehen. Dann die Biskuits nah aneinander auf ein mit Backpapier belegtes Blech setzen und im Ofen auf der untersten Schiene ungefähr 10–15 Minuten goldgelb backen.

Währenddessen die Erdbeeren waschen, von den Kelchblättern befreien und in kleine Würfel schneiden. Die Erdbeerwürfel in einer heißen Pfanne ohne Fett 20 Sekunden rösten, den Zucker dazugeben und kurz durchschwenken. 5–6 Umdrehungen Pfeffer aus der Mühle dazugeben und die pfeffrigen Erdbeeren abkühlen lassen.

Die warmen Biskuits aufschneiden, großzügig mit der Pfirsich-Rosen-Butter bestreichen und die pfeffrigen Erdbeeren darauf verteilen.

KOKOS-PANCAKES MIT ROSENMARMELADE

Für 2 Personen

150 g Vollkornmehl

20 g Kokosraspel

1 ½ TL Backpulver

2 EL Zucker

¼ TL Salz

150 ml Kokosmilch

120 ml Milch

1 Ei

1 EL zerlassene Butter

2 EL Kokosöl

ZUM SERVIEREN

Rosenmarmelade (siehe S. 37)

2 EL Kokosraspel

An einem langen arbeitsfreien Wochenende liebe ich es, Pancakes zum Frühstück zu machen. Es ist meist etwas aufwendiger als Brötchen zu kaufen und mit Käse, Wurst, Marmelade und Obst auf den Tisch zu stellen. Doch Pancakes noch im Schlafanzug zuzubereiten hat für mich etwas ganz Heimeliges und ich genieße es sehr, danach den halben Tag mit meiner Familie auf der Couch zu lümmeln und Zeit miteinander zu verbringen. Pancakes sind für solch wunderbare Momente der perfekte Start.

Für die Pancakes zunächst die trockenen Zutaten in einer Schüssel vermischen. Kokosmilch, Milch, Ei und Butter langsam zu den trockenen Zutaten geben. Es dürfen ruhig noch ein paar kleinere Klümpchen zu sehen sein, den Teig also nicht zu lange rühren. Eine große Pfanne erhitzen, ein wenig Kokosöl hineingeben und die Pancakes bei mittlerer Hitze portionsweise backen. Zwischendurch immer wieder etwas Kokosöl hinzugeben.

Ich portioniere den Teig am liebsten mit einer recht kleinen Suppenkelle, so bekomme ich immer gleich große Pancakes. Wenn man den Teig sehr langsam in die Pfanne gießt, entsteht eine wunderbar runde Form. Wenn der Teig unten schon fest ist und oben leichte Blasen wirft, den Pancake mithilfe eines Teigschabers wenden. Die fertigen Pancakes im Ofen warm halten.

Die Pancakes mit der Rosenmarmelade und den Kokosraspeln servieren.

ERDBEERMUFFINS

Für 12 Muffins

FÜR DIE MUFFINS

180 g Mehl

1 TL Salz

170 g Rohrzucker

130 ml Öl

2 große Eier

210 ml Buttermilch

1 TL Backpulver

1 TL Essig

6 Erdbeeren

2 Handvoll Pekannusskerne,
grob gehackt

FÜR DIE BASILIKUM-
FRISCHKÄSE-GLASUR

120 g Frischkäse

50 g Puderzucker

4 große Basilikumblätter

AUSSERDEM

Muffinblech

Muffin-Papierförmchen

Bei einem Sommerpicknick oder einem Nachmittag im Schwimmbad hätte ich gerne frisch gebackene Muffins mit zuckersüßen, tiefroten Erdbeeren in meinem Picknickkörbchen. Mit Basilikum-Frischkäse-Glasur versteht sich. Sommersonne auf der Haut und der Duft nach warmem Gras – das wäre die tollste Kulisse für diese köstlichen kleinen Dinger.

Den Backofen auf 180 °C Ober-/Unterhitze vorheizen. Das Mehl mit dem Salz vermischen. Den Zucker und das Öl mit der Küchenmaschine verquirlen. Die Eier nacheinander dazugeben und kurz durchrühren. Das Mehl abwechselnd mit der Buttermilch zu der Mischung geben. Das Backpulver mit dem Essig vermengen und dann gut unter den Teig rühren.

Die Erdbeeren waschen, halbieren und in grobe Würfel schneiden. Papierförmchen in die Mulden eines Muffinblechs legen und den Teig hineinfüllen. Die Erdbeerwürfel in den Teig drücken und die Pekannüsse darauf verteilen. Die Muffins auf der zweiten Schiene von unten 20–25 Minuten backen.

Für die Glasur den Frischkäse mit dem gesiebten Puderzucker glatt rühren, die Basilikumblätter in feine Streifen schneiden und unter die Glasur heben.

Die Muffins mit der Glasur bestreichen. Sind sie als Picknickproviant gedacht, sollte man die Glasur separat transportieren und vor Ort mit einem Löffel auf die Muffins streichen.

BUTTRIGER APFELKUCHEN MIT SCOTCH

Für einen Kuchen
von Ø 20 cm

FÜR DEN KUCHEN

120 g zimmerwarme Butter

100 g Zucker

1 Vanilleschote

2 Eier, Größe M

100 g gemahlene Mandeln

70 g Mehl

1 TL Salz

1 TL Backpulver

20 ml Milch

2 EL Ahornsirup

2 Zweige Rosmarin

2 kleine pinke Äpfel
(Rote Susanne oder Rosalinde)

FÜR DAS SCOTCH-
KARAMELL

130 g Zucker

200 g Sahne

60 ml Scotch (schottischer Whisky)

½ TL Salz

60 g Butter

ZUM SERVIEREN

Puderzucker

1 EL Rosmarinnadeln

Dieser Apfelkuchen passt zu einem Gläschen schottischen Whisky an einem verregneten Herbstnachmittag und er ist für mich ein absoluter Männerkuchen: Nicht zu süß, durch den Rosmarin leicht kräutrig-herb ... und die Karamell-Glasur lässt Whisky-Liebhaber dahinschmelzen.

Für den Kuchen den Backofen auf 180 °C Ober-/Unterhitze vorheizen. Eine runde Form mit 20 cm Durchmesser einfetten. Die Butter zusammen mit dem Zucker und dem herausgekratzten Mark der Vanilleschote schaumig aufschlagen. Dann die Eier einzeln dazugeben und jeweils kurz unterrühren. Die gemahlenen Mandeln mit Mehl, Salz und Backpulver mischen und zur Zucker-Ei-Mischung geben. Unterheben, dann Milch und Ahornsirup hinzugeben und ganz kurz unterrühren, nur so, dass sich die Zutaten eben miteinander verbinden. Die Rosmarinnadeln von den Zweigen zupfen, grob hacken, per Hand unterrühren und den Teig in die vorbereitete Form füllen.

Die Äpfel schälen, halbieren, entkernen und dann längs ein wenig einritzen. Die Apfelhälften auf den Teig legen und den Kuchen auf der zweiten Schiene von unten im vorgeheizten Ofen etwa 35 Minuten backen. Eventuell gegen Ende der Backzeit mit Alufolie abdecken, damit er nicht zu dunkel wird.

In der Zwischenzeit das Karamell vorbereiten. Hierfür den Zucker in einer heißen Pfanne goldgelb karamellisieren lassen und mit der Sahne und dem Whisky ablöschen. Vorsicht, das spritzt ein wenig! Die Karamellsahne von Zeit zu Zeit durchrühren, bis der Zucker wieder vollständig geschmolzen ist und die Masse eine sirupartige Konsistenz hat. Das dauert ungefähr 5 Minuten. Zum Schluss Salz und Butter unterrühren.

Den fertigen Kuchen auf einem Gitter auskühlen lassen, mit Puderzucker bestäuben, mit Karamell beträufeln und mit Rosmarinnadeln garnieren.

MACARONS MIT GRAPEFRUIT-MARMELADE UND RICOTTA

Für 20 Macarons

FÜR DIE MACARONS

50 g gemahlene Mandeln

36 g gekühltes Eiweiß

Salz

90 g Puderzucker

1 Messerspitze pinke Farbpaste

1 Tropfen Öl

FÜR DIE FÜLLUNG

Marmelade aus Grapefruit und Roter Bete (siehe S. 35)

3 EL Ricotta

AUSSERDEM

Spritzbeutel

Macarons sind kleine Diven, das macht die Herstellung jedes Mal aufs Neue aufregend. Ich kann gar nicht mehr zählen, wie oft mir diese kleinen Dinger am Anfang missglückt sind. Doch irgendwann hatte ich den Dreh raus und nun habe ich ein Rezept, mit dem die zuckrigen Köstlichkeiten bei mir funktionieren.

Für die Macarons zunächst die gemahlenen Mandeln noch einmal in einem Mixer mahlen, bis sie ganz fein und fast wie Puder sind. Das Eiweiß mit 1 guten Prise Salz so lange schlagen, bis die Masse steif ist. Nicht zu lange schlagen, die Masse sollte fest und aus einem Guss sein und nicht brechen. Dann in kleinen Portionen den Puderzucker hinzufügen und dabei auf niedriger Stufe weiterrühren. Am Ende sollte die Masse glänzend vom Löffel fließen, ohne zu reißen.

Nun kann man die Farbe hinzufügen. Sobald man die gewünschte Farbintensität hat, beginnt man, insgesamt 45 g Mandelpuder in kleinen Portionen hinzuzufügen. Mit einem Spatel langsam in kreisenden Bewegungen unterarbeiten. Die Masse in eine Spritztülle füllen und auf die Arbeitsplatte legen. Mit einer Teigkarte die Masse Richtung Öffnung streichen, damit so wenig Luft wie möglich in der Macaron-Masse ist.

Auf dem Backblech einen Tropfen Öl verreiben, dann das Backpapier darauflegen. So bilden sich unter dem Papier beim Backen keine Luftblasen. Nun gleich große Kreise auf das Backblech spritzen. Das Blech in die eine Hand nehmen und mit der anderen Hand mehrfach leicht unter das Blech klopfen, bis die Macarons flacher werden und keine Spitze mehr haben. Die Oberfläche muss glatt und glänzend sein. Die Rohlinge 20 Minuten ruhen und trocknen lassen. Die oberste Schicht wird beim Trocknen fest und bildet die Basis für glatte und rissfreie Macarons. Kurz vor Ablauf der Ruhezeit den Backofen auf 130 °C Umluft vorheizen.

Die Macarons auf der untersten Schiene des Ofens etwa 15 Minuten backen. Die Backzeit variiert je nach Backofen! Die Macarons aus dem Ofen nehmen und ein paar Minuten abkühlen lassen. Erst dann vom Blech lösen, am besten mit einer Teigkarte. Wenn die Macarons noch feucht sind und sich nur schwer lösen lassen, sollten sie noch einmal für wenige Minuten nachgebacken werden.

Die Unterseite eines Macaron mit ein wenig Marmelade bestreichen, einen Klecks Ricotta daraufsetzen und mit einem weiteren Macaron abdecken.

COOKIES MIT INGWER-WEINTRAUBEN-GRÖSTL

Für 25 Cookies

FÜR DIE COOKIES

70 g Mandeln, grob gehackt

30 g Walnusskerne, grob gehackt

50 g Quinoa

40 g Kaniwa

70 g feine Kokosflocken

45 g kandierter Ingwer, gehackt

50 g Chiasamen

60 g Rosinen

80 g reife Banane

4 EL Zuckerrübensirup

FÜR DAS INGWER-WEINTRAUBEN-GRÖSTL

250 g helle kernlose Weintrauben

30 g Ingwer

1 TL Butter

3 TL Rohrzucker

Salz

Diese Cookies wären nicht ohne meine Freundin Milena entstanden. Sie begleitet mich seit meinen ersten Versuchen, aus meiner Leidenschaft einen Beruf zu machen. Wir standen schon zusammen in einer italienischen Restaurantküche, haben erfolgreich einen Supperclub ins Leben gerufen und sind auch sonst ein verrückt-geniales Team. Toll ist, dass die Weltenbummlerin Milena mir aus fernen Ländern die spannendsten Zutaten mitbringt. Das glutenfreie Kaniwa aus Peru für diese Cookies zum Beispiel.

Den Backofen auf 170 °C Ober-/Unterhitze vorheizen. Für die Cookies alle Zutaten bis auf die Banane und den Zuckerrübensirup in eine große Schüssel geben und gut durchmischen. Die Banane mit dem Sirup zu einem klebrigen Brei vermengen und unter die trockenen Zutaten rühren. Gut miteinander vermischen. Mit den Händen flache runde Cookies formen und auf ein mit Backpapier belegtes Backblech setzen. Die Cookies im vorgeheizten Ofen auf der mittleren Schiene 20 Minuten backen.

Für das Gröstl die Weintrauben waschen und halbieren. Den Ingwer schälen und fein hacken. 1 Teelöffel Butter in einer Pfanne zerlassen und Weintrauben und Ingwer dazugeben. Kurz durchschwenken, den Rohrzucker dazugeben und leicht karamellisieren. Das Gröstl mit 1 Prise Salz verfeinern und am besten lauwarm zu den Cookies reichen.

EIN BISSCHEN INSPIRATION ...

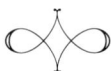

Mit diesem Buch möchte ich meine Leser an den heimischen Herd locken.
Ich möchte, dass ihr beim Durchblättern und Lesen dieses Buchs sofort von
der Couch springt, euch die Schürze umbindet und in der Küche wirbeln wollt.
Aber vor allem liegt es mir am Herzen, dass meine Leser genießen und anderen
Menschen mit meinen Rezepten Genuss bereiten. Vielleicht entstehen bei euch
ganz eigene Rezepte, inspiriert durch dieses Buch, oder ihr übernehmt meine
Rezepte wie sie sind. Der ein oder andere von euch kombiniert sie vielleicht
ja sogar zu kleinen Menüs. Auf den folgenden Seiten habe ich euch ein paar
Ideen für drei verschiedene Anlässe zusammengestellt.

SONNTAGSFRÜHSTÜCK

Für mich gibt es kaum etwas Gemütlicheres, als an einem Sonntag lang
und ausgedehnt zu frühstücken. Man kann im Schlafanzug in der Küche
stehen und ein schönes Frühstück zubereiten – mit allerlei Leckereien wie
zum Beispiel meinen Ricotta-Pancakes, frischem Obst, einem Smoothie,
einem heißen Tee mit Minze und Zitrone und einer schönen Auswahl an
Honig, Nussbutter und Marmeladen.

INGWER-MINZ-TEE (S. 61)

SMOOTHIE MIT BROMBEEREN
UND ROTER BETE (S. 87)

RAUCHIGER BEEREN-PFEFFER-HONIG (S. 42)

GEBRANNTE-MANDEL-BUTTER (S. 25)

MARMELADE AUS GRAPEFRUIT
UND ROTER BETE (S. 35)

RICOTTA-PANCAKES (S. 122) MIT BLAUBEEREN

PICKNICK

Genauso liebe ich aber auch einen schönen Herbstspaziergang. Wenn das Laub unter den Füßen raschelt, die Luft so wunderbar würzig duftet und die Sonne tief am Himmel steht. Wäre es nicht wunderbar ein paar Leckereien in einen Picknickkorb zu packen und unterwegs zu naschen? Wunderbar eignen würde sich meine Pflaumenmarmelade, die Crostini mit Röstknoblauch und Kichererbsen, ein herbstlicher Salat und zum Abschluss mein Schoko-Gugel.

MATCHA-PFEFFERMINZ-TEE MIT ODER OHNE
WHISKY (S. 72)

CROISSANTS MIT FÜNF-GEWÜRZE-
PFLAUMEN-MARMELADE (S. 34)

GRÜNKOHLSALAT MIT WILDREIS, NÜSSEN,
BEEREN UND SÜSSKARTOFFELCREME (S. 104)

CROSTINI MIT BACON JAM,
KICHERERBSEN UND HUMMUS (S. 116)

DUNKLER GESALZENER GUGEL
MIT CHAI-NUGAT (S. 209)

CANDLE-LIGHT-DINNER

Wer lieber zu Hause bleibt und ein romantisches Dinner für zwei bevorzugt,
der findet in meinem Buch allerhand romantische Rezepte mit Rosen.
Macarons, einen leckeren Drink, einen beerigen Salat und Shortbreads.
Genug Gründe also, um seinen Liebsten oder seine Liebste mit einem
Rosen-Candle-Light-Dinner zu überraschen.

ROSENDRINK (S. 75)

GRANITA MIT SEKT UND GRANATAPFEL (S. 85)

SPINATSALAT MIT LACHS UND
BEEREN-ROSEN-VINAIGRETTE (S. 107)

MANGO-POPSICLES (S. 172)

SHORTBREADS MIT KARDAMOM
UND ROSEN-ICING (S. 186)

BISKUITS MIT PFEFFRIGEN ERDBEEREN (S. 215)
UND PFIRSICH-ROSEN-BUTTER (S. 19)

MACARONS (S. 222) MIT ROSENMARMELADEN-
FÜLLUNG (S. 37)

ÜBER DIE AUTORIN

Ihre Fotos erzählen Geschichten. Duften nach sonnigheißen Kuchennachmittagen und frostigkalten Suppenabenden am offenen Kamin. Schon beim Entwickeln und Kochen ihrer Rezepte hat Katharina Küllmer Bilder im Kopf und weiß genau, wie sie ihre Köstlichkeiten anrichten wird, damit das Foto ebenjene Stimmung erzeugt, die sie vermitteln möchte. Sie bekommt dann diesen bestimmten Blick und taucht ganz in die Komposition ein. Ihre Fotos zeigen einen großen Teil ihrer Persönlichkeit, sie vermitteln Gemütlichkeit und die Liebe zum Gastgeben, haben aber auch immer etwas Überraschendes durch die ungewöhnlichen Aromenkombinationen, die sie verwendet und die ihr Markenzeichen sind.

Ihre Art zu kochen ist gehobene Gastronomie, heruntergebrochen auf einfache Rezepte, die sich leicht nachmachen lassen. Einzigartig und unverkennbar dazu ist ihre Art der Fotografie, häufig sehr „moody" – dunkel und stimmungsvoll, in Abwechslung mit hellen, klaren Highlights, die das Essen leuchten lassen – ein Aromenfeuerwerk eben und natürlich ein Augenschmaus.

DANKSAGUNG

Mein größter Dank geht an *meinen Mann Michael*, der die Liebe meines Lebens ist. Seit 14 Jahren bist du schon an meiner Seite und begleitest und unterstützt mich bei all meinen manchmal verrückt klingenden Vorhaben. Ohne dich hätte ich dieses „Traumprojekt Buch" niemals geschafft. Danke, dass du an mich glaubst. Danke, dass du meine Verrücktheiten aushältst, mich bedingungslos liebst und mein Fels in der Brandung bist. Ohne dich wäre ich niemals fertig geworden. Keiner weiß so sehr wie du, wie viel Herzblut in dieses Buch geflossen ist, wie viele Nachschichten nötig waren und wie viele Spülmaschinenladungen am Tag durchgelaufen sind. Du bist bei all dem immer ruhig geblieben, bist oft noch spätabends für mich einkaufen gefahren, hast für mich die Berge an Geschirr beseitigt und hast mich vor allem immer wieder in den Arm genommen und mir Mut zugeredet. Ich liebe dich sehr und danke dir für alles, mein Schatz.

Danke an *meine Tochter Marie*, die mich zur glücklichsten Mama gemacht hat. Sie war zu Beginn des Projekts erst zwei Monate alt und war während der gesamten Entstehung des Buchs an meiner Seite – im Tragetuch oder auf der Krabbeldecke. Unzählige Bilder sind auch entstanden, während ich sie auf dem Arm hatte und ihr Lieder vorgesungen habe. Liebes Mariechen, du bist für deine Mama eine tolle Unterstützung – in jeder Hinsicht. Du hast mich zwischendrin immer wieder an das wirklich Wichtigste im Leben erinnert, die Liebe und die eigene Familie. Du hast mich oft auf den Boden der Realität geholt, wenn ich wieder drohte, mich in Details zu verlieren. Danke, dass du so eine geduldige, zufriedene und neugierige kleine Dame bist. Danke, dass ich deine Mama sein darf.

Danke an *meine Mama*. Du hast mich in meinem Leben immer unterstützt, auch wenn meine Pläne, gerade in der

Selbstständigkeit, noch so verrückt erschienen. Du hast mich ermutigt und motiviert. Danke, dass ich mit dir die einfach beste Mama der Welt habe – ich weiß nicht, was ich ohne dich tun würde. Danke für dein Mitdenken, dein Mitanpacken und manch tröstende Worte. Danke an meinen Zweit-Papa Heinz, der zusammen mit meiner Mama keine noch so großen Mühen scheut und in irgendwelche Büsche und Bäume klettert, nur um an die letzten Beeren des Sommers für eines meiner Shootings zu kommen. Ihr zwei seid einfach großartig!

Danke an *meinen Papa*, der mir immer das Gefühl gibt, dass meine Arbeit etwas ganz Besonderes ist und er wahnsinnig stolz auf mich ist. Papa, du gibst mir dadurch oft wieder Mut, weiter an meinen Traum zu glauben und dafür zu arbeiten.

Danke an *meinen Bruder Christian*. Fürs Fachsimpeln und Teilen der gemeinsamen Leidenschaft, für den ein oder anderen kulinarischen Rat und für die Witze über die Gastronomie, die häufig nur wir beide in unserer Familie verstehen. Danke auch an seine Freundin Joanna, die mir mit ihrer wunderschönen Hand beim Zitronen-Gugelhupf Modell stand.

Danke an *meine liebe Omi*, die mit ihren 90 Jahren immer noch alles probiert, was in meiner Küche so entsteht, und trotz ihres stolzen Alters das ein oder andere Rezept aus diesem Buch so aufgeschlossen getestet hat.

Danke an *Sonja Harnisch* – meine Freundin und Wegbegleiterin. Schon damals, als wir während einem meiner Supperclub-Abende stundenlang in meiner kleinen Altbauküche standen und quatschten, wusste ich, dass wir eine besondere Verbindung haben. Danke für deine vielen Ratschläge, deine aufmunternden Worte in zweifelnden Momenten und deine Freundschaft. Ich liebe es sehr, dass wir auch beruflich schöne Projekte miteinander teilen dürfen. Tausend Dank auch für deine Worte über mich in diesem Buch.

Danke an meine *Freundin Milena*. Du bist meinen Weg von Anfang an mit mir gegangen – wir sind schon zusammen durch eine kleine italienische Küche getanzt und haben einen ganz wunderbaren Supperclub ins Leben gerufen. Deine kulinarischen Mitbringsel von fernen Reisen sind wahre Schätze – ebenso deine Freundschaft.

Danke an *meine Schwägerin Steffi*, die mir das erste Mal eine köstliche Ananas-Koriander-Salsa zu einem von *meinem Schwager Jan* perfekt gegrillten Flank Steak servierte. Ihr zwei seid ebenso Genießer wie wir und habt mich das ein oder andere Mal für neue Gerichte inspiriert. Für dieses Buch ist meine ganz eigene Version der Ananas-Koriander-Salsa entstanden.

Danke an meine *Schwiegermama Annegret*. Auch wenn sie häufig meine Kreationen für abenteuerlich hält, so ist sie doch immer ehrlich zu mir und lässt mich das ein oder andere doppelt überdenken. Das nächste Mal gibt's wieder selbst gerührte Butter aus süßer Sahne und Schnittlauch, versprochen.

Danke an *alle Freunde und Familienmitglieder*, die immer wieder danach fragten, wie ich mit meinem Buch vorankomme. Diese kleine Frage hat mir so viel gegeben – so hatte ich das Gefühl, dass sich jemand „da draußen" auch wirklich für das Endresultat interessiert und meine zurückgezogene und recht eigenbrötlerische Arbeit im Studio auch wirklich einen Sinn hat.

Vielen Dank an das großartige *Verlags-Team* hinter diesem Buch. Ich bin immer noch ganz baff, dass ihr mir die Chance gegeben habt, meine Leidenschaft in ein Buch zu verwandeln. Tausend Dank besonders an *Annika Christof*, die sich sehr für alle meine Wünsche eingesetzt hat und mir immer zur Seite stand. Ein großer Dank geht auch an *Bernadett Linseisen*. Sie hat meine Bilder und Rezepte ganz wunderbar in dieses Buch verwandelt.

Danke auch an meine Lektorin *Elke Sagenschneider*. Sie hat manch holprige Stellen geglättet, ohne meinen ganz eigenen Schreibstil herauszukürzen. Mit ihr habe ich während langer und arbeitsreicher Telefonate viel gelacht – vor allem über die Grünkohl-Massage und Prickelbrause.

Vielen lieben Dank an alle, die mein Manuskript in dieses tolle Buch verwandelt haben. Ich bin unheimlich glücklich, dass ihr an mich geglaubt habt und ein Buch mit mir herausbringen wolltet.

Ein Dankeschön geht natürlich auch an *meine Leser*. Eure lieben Worte geben mir immer wieder Ansporn, köstliche Rezepte zu erfinden. Danke für eure Unterstützung, euren Zuspruch und eure Kommentare. Ihr seid die Besten!

REGISTER

IMPRESSUM

Bibliografische Information der Deutschen Bibliothek.

Die Deutsche Bibliothek verzeichnet diese Publikation in der deutschen Nationalbibliografie.

Detaillierte bibliografische Daten sind im Internet über http://www.d-nb.de/ abrufbar.

EIN BUCH DER EDITION MICHAEL FISCHER

1. Auflage 2016

© 2016 Edition Michael Fischer GmbH, Igling

Cover, Layout und Satz: Bernadett Linseisen
Redaktion und Produktmanagement: Annika Christof
Lektorat: Elke Sagenschneider, München
Porträt-Text S. 224: Sonja Harnisch
Fotos: Katharina Küllmer

ISBN 978-3-86355-449-1

Printed in Czech Republic

www.emf-verlag.de